裁判例でお答え

相続と遺言の相談25選

［著］福家総合法律事務所　弁護士
北野　俊光

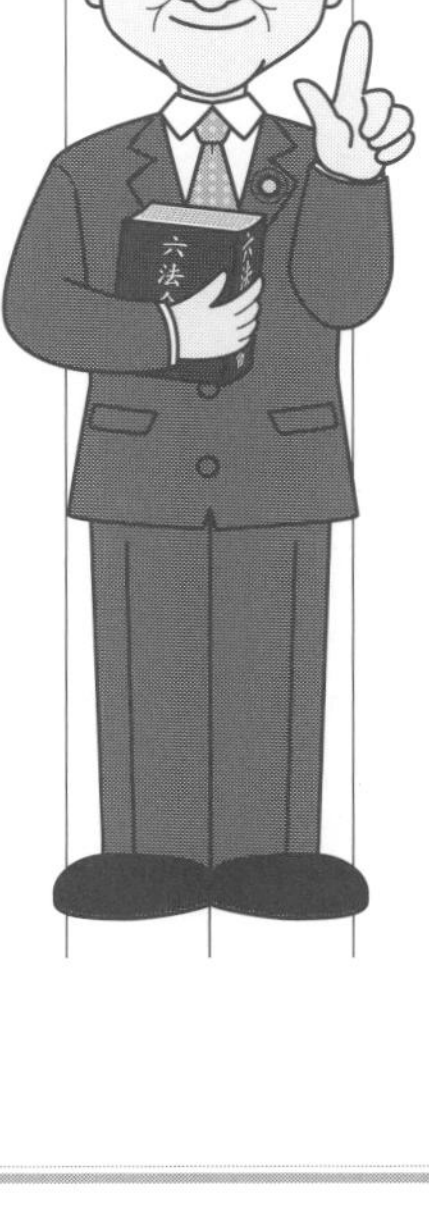

株式会社きんざい

裁判例でお答え

相続と遺言の相談25選

はじめに

本書は、月刊誌「KINZAIファイナンシャル・プラン」誌上に連載した『弁護士が紹介したい　すべらない相続・遺言相談事例』に、加筆修正をしてまとめたものです。

この連載は、当初1年間の予定でしたが、読者に大変好評であったこともあり、半年間延長し全18選となりました。そして、本書を読みやすくまとめるに当たり、さらに7選を新たに書き下ろし、追加いたしました。今回の25選により、相続・遺言に関する主要な論点については、ほぼ網羅されています。

本書の特色は、第一に、「ファイナンシャル・プラン」の読者であるファイナンシャル・プランナー、金融機関に属する実務家、ファイナンシャル・プランナーの資格取得を目指す主婦や学生、加えて、一般の方々であっても、十分に理解できるよう平易にわかりやすく解説していることです。

第二に、相続や遺言に関しよくある相談事例を取り上げ、各問題についての正確な知識が得られるように配慮してある点です。

そして、第三に、多くの裁判例を引用し、あまり目にする機会のない裁判所で行われている実務に即した解説を試みている点です。

一般の読者の方にも、すぐに役立つ自筆証書遺言の書き方（第18選）、公正証書で遺言する方法（第21選）、遺言書検認の申立てや遺留分減殺請求の方法（第17選、第25選）など、また避けて通れない相続放棄の仕方（第2選）、遺産分割協議の方法や協議書の作り方（第14選）など必要な事項について、できるだけわかりやすく具体的に解説しています。

本書を手に取られた方が、相続や遺言に関する基本問題について正確な知識を習得され、仕事や実際の相続問題の解決に役立てていただければ幸いに存じます。

本書の出版に当たり、株式会社きんざいの竹中学、西田侑加の両氏には大変お世話になりました。ここに厚く御礼を申し上げる次第です。

平成27年8月

北　野　俊　光

【本書の留意事項】

◆相談事例はフィクションです。登場人物等はすべて仮名であり、実在の人物や団体などとは関係ありません。

◆本書は平成27年7月1日現在交付されている法令、ならびに同時点における裁判例に基づいて書かれており、法令等は変更になる可能性があります。

◆掲載されている情報や内容を利用することで生じたいかなる損害および問題についても、著者および株式会社きんざいは一切の責任を負いかねます。

目次

第1章

相続人・相続放棄に関する相談事例

第1選

相続人の範囲と調べ方

相談事例

父渡辺大治郎が96歳で天寿を全うしました。相続人は、母渡辺フサと長男の私渡辺浩一郎を含めた子8人ですが、母は重い認知症で施設に入所中で、三男の渡辺和也は27年前に神戸から父宛に手紙が届いて以来、音信不通で生死不明です。また、二男と長女はすでに亡くなり、その子らである甥姪が数人いますが、全国に散らばって生活しているため住所もわかりません。相続人の範囲や所在をどのようにして調べたらよいでしょうか。また、遺産分割の協議はどのように進めたらよいのでしょうか。

解説

■相続人の範囲

相続人には順位があります。第１順位は被相続人の子、第２順位は父母または祖父母（父母と祖父母がいるときは父母）、第３順位は兄弟姉妹で、後順位の人は先順位の人がいない場合に限り相続人になります（民法８８７条、８８９条）。配偶者は、各順位において常に相続人になります（民法８９０条）。

被相続人が死亡したときに、相続人となるべき子や兄弟姉妹がすでに死亡していたときは、その死亡した人の子が代わって相続人となります。これを代襲相続といいます（民法８８７条、８８９条２項）。

■相続分と遺留分

相続人には、それぞれ法定相続分の割合と遺留分の割合が定められています。遺留分とは、遺言や生前贈与によって相続財産が減少し、財産をもらえない相続人（兄弟姉妹を除く）の保証として認められた減殺請求権（相続財産の取戻請求権）の割合をいいます（民法１０２８条）。

相続人の法定相続分と遺留分の割合は、〔図表〕のとおりです。

■相続人の調査

相続人を調査するためには、最初に被相続人の出生時から死亡に至るまでの身分関係を調査する必要があります。被相続人の除籍謄本、改製原戸籍謄本を取り寄せます。これらは、被相続人の本籍地の市区町村で交付を受けることができ、郵送による申請も可能です。戸籍謄本交付申請書や身分証明書、自分の戸籍謄本、手数料（郵便局で売っている小為替）を同封して郵送します。申請の際に「出生から死亡までの身分関係のわかる謄本をすべて申請したい」旨を告げると、ひとつの役所ですべてが揃うことがあります。

被相続人のほか、相続人の戸籍謄本も必要です。それぞれの本籍地の市区町村に申請します。相続人が兄弟姉妹などの場合、戸籍謄本を取り、本籍が移動している場合は移動前の本籍地の戸籍も取り寄せます。

戸籍には、氏名のところに長男、二男、三男、長女、二女などと記載されていますので、相続人が全部いるかが確認できま

〔図表〕法定相続分と遺留分　（〔　〕内は遺留分）

第1順位	子　：$\frac{1}{2}$〔$\frac{1}{4}$〕	配偶者：$\frac{1}{2}$〔$\frac{1}{4}$〕	子のみ　：全部〔$\frac{1}{2}$〕
第2順位	直系尊属（父母または祖父母）：$\frac{1}{3}$〔$\frac{1}{6}$〕	配偶者：$\frac{2}{3}$〔$\frac{2}{6}$〕	直系尊属のみ：全部〔$\frac{1}{3}$〕
第3順位	兄弟姉妹　：$\frac{1}{4}$〔0〕	配偶者：$\frac{3}{4}$〔$\frac{1}{2}$〕	兄弟姉妹のみ：全部〔0〕
配偶者のみ	：全部〔$\frac{1}{2}$〕		

す。

相続人の住所がわからない場合、住所地の市区町村で除住民票の写しの交付を受けて調べます。除住民票の保存期間（５年）が経過し除住民票が取れないときは、本籍地の市区町村から戸籍附票の交付を受けて現住所を調べます。関係者からの聞き取り調査や現地調査が必要なときもあります。

■認知症の相続人がいる場合

相続人の中に認知症などの精神障害により事理を弁識する能力を欠く人がいる場合には、本人の住所地を管轄する家庭裁判所に、判断能力の低下の程度に応じ、後見、保佐、補助などの成年後見の申立てをし、選任された後見人、保佐人、補助人が法定代理人として遺産分割の協議に加わります。ただし、後見人、保佐人、補助人も共同相続人のときは利益相反になりますので、後見・保佐・補助監督人が選任されているときは監督人に本人を代理してもらいます。また、監督人が選任されていないときは臨時にもう一人、被後見人本人の特別代理人、臨時保佐人、臨時補助人を選任してもらい本人を代理してもらいます。

■行方不明・生死不明の相続人がいる場合

行方不明・生死不明の相続人がいる場合、次のいずれかの手続が必要になります。

(1) 不在者財産管理人の選任

利害関係人または検察官が、不在者の従来の住所地または居所地を管轄する家庭裁判所に不在者財産管理人選任の申立てをし、選任された管理人が遺産分割協議に参加します（民法25条）。

不在者財産管理人は、不在者の財産の管理をします。基本的には、保存行為や財産の性質を変えない範囲での利用改良行為をすることを任務としているため、遺産分割協議に合意し協議を成立させるには、選任した裁判所の許可が必要です（民法28条、103条）。

(2) 失踪宣告

行方不明者が生死不明であり、いつまでも生存者として扱うことが相当でない状態となったときは、利害関係人の申立てにより、裁判所の審判で死亡したものとみなすことができます。これを失踪宣告の制度といいます（民法30条）。なお、申立てができる利害関係人は、配偶者、相続人、受遺者、保険金受取人などです。

家庭裁判所が失踪宣告をするためには、通常、生死不明の状態が7年間続いたことが必要で、これを普通失踪といいます（民法30条1項）。そのほか、戦地に臨んだ者、沈没した船舶の中にいた者、その他死亡の原因となる危難（地震、津波、火山噴火、山崩れなど）に遭遇した者の生死が1年間不明のときも失踪宣告をすることができます。これを特別失踪または危難失踪といいます（民法30条2項）。

失踪宣告の効果は、普通失踪の場合は生死不明となった時（最後の音信の時）から7年の期間が満了した時、特別失踪の場合は危難が去った時に生じ、生死不明者は死亡したものとみなされます（民法31条）。

いったん失踪宣告がされても、本人の生存が明らかになったときは、本人または利害関係人の申立てにより、失踪宣告取消しの審判がなされます（民法32条1項）。

相続人の中に生死不明の人がいる場合、失踪宣告をすることにより、死亡したものとみなし、相続人から外すことができます。

■結論

相続人の調査は、被相続人の除籍謄本、改製原戸籍を取ることから始めます。相続人の住所がわからないときは、除住民票、戸籍附票を取り寄せて調査します。相続人の中に認知症等の人がいるときは、成年後見制度を利用します。また、相続人の一部に行方不明者がいるときは、不在者財産管理人選任の申立てまたは失踪宣告の申立てを行います。

■実務ポイント

被相続人や相続人の戸籍（除籍）謄本を取るのは、面倒ではありますが、相続人の確定のため必要な手続です。相続人の中に認知症となった人や行方不明者がいる場合の手続を知っておくと便利です。

相続人が多数で全国に散らばり、遺産分割の協議が困難な場合があります。ところが、多数の相続人の中には、相続による財産取得を希望しない人がいたり、相続分に応じた金銭さえもらえれば分割協議に参加しなくてもよいという人もいます。

そこで、これらの相続人に対しては、相続分の放棄をすることや他の相続人に相続分を有償または無償で譲渡することを勧め、同意が得られれば遺産分割協議の当事者から脱退してもらうことが可能です。

相続分の放棄や譲渡がなされた場合、相続分放棄書、相続分譲渡証書を作ってもらい、印鑑証明書、家庭裁判所に対する手続脱退証明書をもらっておく必要があります。相続人多数のときは、相続分放棄、相続分譲渡制度を活用し、相続人の整理を図るのがよいでしょう。

第2選

相続放棄の手続

相談事例

父西野三郎が亡くなりました。相続人は、母西野イクと長男の私西野征一、長女三田春子の3人です。父の財産は、居住していた古いマンションとわずかばかりの預貯金ですが、負債も相当ある様子です。母は病弱で施設に入所しており、私と妹はそれぞれ独立して生活を営んでいます。

相続放棄をしたいと思いますが、どのような手続をすればよいでしょうか。

相続を放棄した後、父の財産や負債はどうなりますか。

解説

■相続放棄の制度

相続人は、相続開始により被相続人の財産上の権利義務を承継したことになりますが、一定期間（３カ月の熟慮期間）内であれば相続放棄の手続をすることにより権利義務の承継を拒否することができます。相続を放棄すると、初めから相続人とならなかったものとみなされます（民法９３９条）。相続を放棄する理由は、人によって様々です。例えば、プラス財産よりマイナス財産のほうが多いので相続をしたくない、相続争いに巻き込まれたくない、相続人の１人に相続財産を集中して渡したいなどがよく見られるケースです。

遺言による包括受遺者は、相続人と同一の権利義務を有する関係で（民法９９０条）、遺贈を放棄するには、相続放棄の手続によって行う必要があります。

■相続放棄と法定単純承認

相続の単純承認とは、被相続人の権利義務を無限に承継することをいいます（民法９２０条）。単純承認は、①相続人が相続財産の全部または一部を処分したとき、②相続放棄、限定承認をしないで熟慮期間を徒過《とか》したとき、③相続放棄、限定承認をした後であっても相続財産の全部または一部を隠匿し、正当な理由なく消費し、限定承認のための財産目録中に悪意で財産の記載を怠ったときに発生します（民法９２１条）。これらの事由があると、当然に単純承認をしたことになるので、①②の場合は、相続放棄、限定承認ができません。また、③の場合は、相続放棄、限定承認の後でもその相続人の相続は単純承認となります。これらの場合を、法定単純承認といいます。

■相続放棄の手続

相続放棄は、一定期間内に相続開始地（被相続人の最後の住所地）を管轄する家庭裁判所に、相続放棄の申述（申立て）をして行います（民法９３８条）。具体的には、その趣旨（「相続の放棄をする」という文言）、申述者の住所・氏名、被相続人の氏名・最後の住所、被相続人との続柄、自分のために相続の開始があったことを知った年月日等を記載した申述書を提出します。

相続放棄の申述の費用は、申述人ごとに収入印紙８００円、連絡用の郵便切手代です。

相続人の１人が、他の相続人の成年後見人となっている場合、被後見人となっている相続人を代理して相続放棄をすることはできません。相続人の１人が放棄をすれば、他の相続人の相続分が増加する関係にあり、利益相反行為になるからです（民法８２６条、８６０条）。この場合、後見監督人が選任されている場合を除き、被後見人のために特別代理人の選任が必要です（民法８６０条）。ただし、後見人が自ら相続放棄をし、同時に被後見人の相続放棄の代理をすることは利益相反にならず、許されるとする裁判例があります（最高裁判所・昭和53年2月24日判決、最高裁判所民事判例集32巻1号98頁）。

家庭裁判所は、申述が本人の真意に基づくものであることが確認できればそれを受理し、これにより初めて相続放棄が成立します。つまり、家庭裁判所を通さずに、相続人間で相続放棄の約束をしただけでは、正式な放棄の効力は生じません。当然、遺産分割で何ももらわないようにすることもできますが、相続を放棄したわけではないので、被相続人に債務がある場合、債務のみ相続することもあることに注意する必要があります。

■申述の期間（熟慮期間）

相続人は、相続を放棄するかどうかを決めるために相続財産を調査することができます。この調査等のために3カ月の期間が認められており（民法915条）、この期間を熟慮期間と呼んでいます。ただし、3カ月では調査が終了しない場合、この期間内であれば、家庭裁判所に期間の延長を求めることができます（同条1項ただし書）。

■熟慮期間の起算点

3カ月の熟慮期間は、原則、相続人が自分のために相続があったことを知った時から起算しますが、自分のために相続があったことを知った時とは、被相続人の死亡事実と自分が法律上の相続人となったことの両方を知った時をいいます（大審院・大正15年8月3日決定、大審院民事判例集5巻10号679頁、福岡高等裁判所・昭和23年11月29日決定、家庭裁判月報2巻1号7頁、大阪高等裁判所・昭和51年9月10日判決、判例タイムズ345号219頁）。

ところで、悪質な金融業者が、被相続人との交流がなく相続債務があることを知らなかった相続人に対して、相続放棄をしないまま熟慮期間を経過するのを待って多額の相続債務を請求するようなケースが見られます。相続人にとっては、当初から債務の存在を知っていれば、当然に放棄をしたはずです。

そこで裁判所は、このような相続人を救済すべく、一定の条件のもと、熟慮期間の起算点を遅らせて相続放棄できるようにしました。

最高裁判所は、相続放棄の熟慮期間は、原則、相続開始の原因たる事実（被相続人の死亡）とこれにより自分が法律上相続人となったことを知った時から起算すべきであるが、相続人がこれらの事実を知った場合でも、これらの事実を知った時から3カ月以内に相続放棄をしなかったのが、①被相続人に相続財産が全くないと信じたためであり、かつ、②被相続人の生活歴、被相続人と相続人の交際状態その他諸般の状況からみて、その相続人に対し相続財産の有無の調査を期待することが著しく困難な事情があり、③相続人が相続財産が全くないと信ずる相当な事情があると認められるときは、熟慮期間は相続人が相続財産の全部または一部の存在を認識した時または通常これを認識できる時から起算すべきであるとしています（最高裁判所・昭和59年4月27日判決、金融法務事情１０６０号13頁)。

この事案は、被相続人が定職に就かず、ギャンブルに熱中し家庭を顧みなかったため、妻は離婚し、相続人である子らは被相続人と別居し、約10年間親子間の交渉が途絶え、生活保護を受けていた被相続人には一切の相続財産がないものと思って熟慮期間を経過したところ、被相続人の債権者から相続債務の履行を求められたというものであり、熟慮期間の起算点を債務の存在を知った時としたのは相当でしょう。なお、下級審の裁判例の中には、前記最高裁判所の示した基準を若干緩和して適用したものもあります。その裁判例については、第3選の説明をご覧ください。

■相続放棄の効力

相続放棄の申述が受理されると、その相続人は最初から相続人でなかったことになり、相続の効果が発生しません(民法９３９条)。

■相続放棄の無効の主張方法

相続放棄の申述が受理された場合であっても、その放棄が有効か無効かを民事訴訟で争うことができます。相続放棄をしたが他人に騙されたり、強迫されたりしていた場合、その相続人は、放棄の取消しを主張できますし(民法96条)、相続の単純承認の原因があって相続放棄が不可能となっていたのに（民法９２１条）、相続放棄をした場合、相続債権者は放棄の無効を主張することができます。これらは、訴訟の中で解決することになります。

■相続放棄と死亡保険金

死亡保険金は、原則として相続財産に含まれず、受取人の固有財産となりますので、受取人が相続放棄しても受領することができます。また、死亡保険金を受け取ったからといって、単純承認の原因となることはありませんので、相続放棄を申述することができます（最高裁判所・昭和40年２月２日判決、金融法務事情４０４号29頁）。

■相続放棄と限定承認の差異

相続放棄をすると、初めから相続人でなかったことになります。これに対し、限定承認は、相続した積極財産（プラス財産）の範囲でのみ債務を負担するという留保付きで相続することをいいます（民法９２２条）。相続人は、相続した財産の範囲で債務支払の責任を負えば足り、債権者は、その財産の範囲でしか強制執行ができません。限定承認は、熟慮期間内に相続人全員が共同して申述しなければなりません（民法９２４条）。

■相続放棄・限定承認と債権者

相続債権者が、相続人に債務の支払を求めようとしたところ、相続放棄をしてしまった場合、詐害行為取消権（民法４２４条）を行使して放棄の取消しができるかという問題があります。裁判例は、放棄が相続人の地位に関する身分上の行為であること、財産を増加させないだけで減少させる行為でないことなどを理由として、取り消せないとしています（最高裁判所・昭和49年９月20日判決、判例時報７５６号70頁）。これに対し、相続をした上で、債権者を害することを知りながら取得分なしの遺産分割協議をした場合は、財産を減少させる行為で取消しの対象となりうるとしました（最高裁判所・平成11年６月11日判決、最高裁判所民事判例集53巻５号８９８頁）。

限定承認をした相続人が、被相続人との間の死因贈与契約により財産を取得した場合、この財産は相続により取得したものでないため、本来債務の引当てにならない財産ですが、裁判例は、限定承認者が死因贈与財産をまる取りするのは、債権者との間で不公平となるなどの理由で、信義則上、死因贈与財産であっても債務の引当てとなる財産と解するのが相当であるとしました（最高裁判所・平成10年２月13日判決、判例時報１６３５号49頁）。

■相続人不存在と相続財産の行方

相続放棄の結果、相続人が不存在となった場合、相続財産は家庭裁判所が選任した相続財産管理人が管理し、債権者らに公告したのち債務を弁済します。残った財産があれば、国庫に帰属させます（民法952条、959条）。相続財産管理人の選任は、利害関係人または検察官が家庭裁判所に申立てを行います（民法952条1項）。相続人不存在の場合の手続については、第5選をご参照ください。

■結論

相続放棄の熟慮期間内であれば、相続放棄が可能です。

相続放棄の結果、相続人が不存在になると相続財産管理人が選任され、相続財産の管理、債権者らに対する弁済がなされます。また、特別縁故者があれば、裁判所の審判により、財産分与がなされ（民法958条の3）、残った財産がある場合は、国庫帰属の手続がなされます（民法959条）。

■実務ポイント

被相続人に多額の債務があるため、第1順位の相続人（配偶者と子）全員が相続を放棄しますと、次順位の相続人（直系尊属や兄弟姉妹）が繰り上がって相続人となるので、その相続人も相続放棄が必要になります。配偶者のみに相続させる目的で子全員が放棄しますと、配偶者以外に被相続人の直系尊属や兄弟姉妹が相続人になり（民法900条）、当初の目的を達せられなくなるので注意が必要です。ご質問のケースの場合、被相続人の兄弟姉妹、代襲相続人としての甥、姪など第2順位の相続人がいるか調査する必要が出てきます。

第3選 可分債務の承継と相続放棄の可否

相談事例

父が預貯金、株式、土地、建物を残して亡くなりました。相続人は、母中村秋子と兄中村孝一、それに私中村秀夫の３名です。父は生前、財産を全部母に相続させる旨の遺言書を作成しておりましたので、遺産は全部を母が取得しました。ところが、父が亡くなって1年ほどしてから、父が友人と連帯して多額の借金をしていることがわかりました。

債権者は、父の友人がすでに亡くなり、その相続人も支払能力がないことから、兄中村孝一と私に対し、借金の全額を支払うよう請求してきました。兄と私は何も相続していないのに支払う義務はありますか。

解説

■連帯債務とは

複数の人が、債権者から連帯して金銭を借り入れ、各自が全額の返還義務を負う旨を約束した場合などの債務のことを連帯債務といいます（民法４３２条以下）。

連帯債務は、１個の契約で生ずることもありますし、別の人がすでにある契約に別個の契約で加わり、連帯して弁済する旨を約束したときにも生じます。後者の場合を併存的（重畳的）債務引受といいます。

連帯債務について、１人の債務者が一部でも弁済すれば、他の債務者の債務はその限度で消滅します。

連帯債務者の間には、内部的に負担部分の定めがあり、自分の負担部分を超えて弁済した場合には、超過部分を他の連帯債務者に求償することができます。負担部分は、①債務者相互間の特約により、②特約がないときは各債務者の受けた利益の割合により定まります。①②がはっきりしないときは平等となります。

■連帯債務の相続

連帯債務は、数人の債務者がそれぞれ独自に全額の支払義務を負っているところに特色があります。

そこで、債務者の１人が死亡し、数人の相続人が相続した場合、各相続人はどの範囲の債務を相続するのかが問題となりました。

この点に関し、連帯債務の特色を重くみて、相続人はそれぞれ全額を相続し、他の連帯債務者と連帯して全額の支払義務を負うとする説（連帯債務承継説）と、連帯債務は、支払は連帯するとしても個々の債務の性質は分割可能な債務であるから、相続により当然分割され、各相続人は法定相続分に応じて分割債務を負うとする説（分割承継説）の２説が対立しています。

学説は、可分の債務であっても、相続によって当然には分割されないとする立場から連帯債務承継説をとるものが多い状況です。

これに対し、裁判例は、古くから、分割可能な通常の金銭債務は、各相続人が法定相続分に応じて分割相続し、その限度で負担すればよいとしてきました（大審院・昭和５年12月４日決定、大審院民事判例集９巻12号１１１８頁）。

最高裁判所も、これまでの裁判例の立場を踏襲し、連帯債務の相続に関し、分割承継説を採用することを明らかにしました（最高裁判所・昭和34年６月19日判決、最高裁判所民事判例集13巻６号７５７頁）。

裁判例が採用する分割承継説によりますと、質問者は、お母様やお兄さんとともに各人の法定相続分に応じて連帯債務を相続します。お兄さんや質問者は、それぞれ相続分である4分の1を相続しますので、全額の支払を求める債権者の請求は誤りということになります。

■相続放棄の可否

次に、質問者の場合、相続を放棄して債務の支払を免れることができるか検討してみましょう。家庭裁判所で相続の放棄が認められれば、最初から相続人でないことになり、債務の承継はありません（民法939条）。

相続人は、「自己のために相続の開始があったことを知った時」から3カ月以内であれば、家庭裁判所に相続放棄の申述（申立て）をすることができます（民法915条1項）。この3カ月の期間を熟慮期間といいます。また、熟慮期間内であれば、期間の延長を申請できます（民法915条1項ただし書）。

熟慮期間の起算点である「自己のために相続の開始があったことを知った時」とは、相続人が、①相続開始の事実（被相続人が死亡したこと）と、これにより自己が相続人になったことを知った時をいいます。

ところが、最高裁判所は、熟慮期間の起算点につき、前記の①の場合に加え、例外として、②相続人が、被相続人に相続財産（債務などマイナス財産を含む）が全く存在しないと信じ、かつ、財産の調査が困難であったなど、そう信じたことについて相当な理由があるときは、熟慮期間は、相続人が相続財産の全部または一部の存在を認識した時または通常これを認識すべきであった時から起算されるとしました（最高裁判所・昭和59年4月27日判決、判例時報1116号29頁）。最高裁判所が熟慮期間の起算点の繰下げを認めたのは、起算点を前記①の場合に限ると、事情によっては相続人にとって不当に不利益となるケースがあるからです。

熟慮期間起算点の繰下げが問題となった裁判例を概観すると、次のとおりです。

① 生前被相続人と同居し、被相続人の死後、被相続人が経営していた会社の代表取締役や取締役に就任している相続人らは、被相続人が財産や債務を有していたことを当然知っていたと推認できるし、財産の存否の調査も容易であったから、たとえ相続人らが相続財産がないと信じていたとしても、信ずるについて相当の理由がないとした事例（大阪地方裁判所・昭和60年4月11日判決、判例時報1194号100頁）

② 相続人が、被相続人死亡後5年あまりが経過してなされた債権者からの返済請求によって、初めて被相続人の保証債務の存在を知ったとしても、被相続人死亡の時点で被相続人所有の不動産があることを認識している以上、遺産分割協議の結果、遺産を何も取得しなかったとしても、熟慮期間は被相続人死亡時から起算されるとした事例（岐阜家庭裁判所・平成11年2月5日審判、家庭裁判月報51巻9号70頁）

③ 相続人らが、被相続人死亡直後、相続財産の一部である不動産を長男に単独取得させる旨の

合意をし、その他の相続人が相続分不存在証明書に署名押印している以上、当時、負債を含めた相続財産の全容を明確に認識できる状態になっていなかったとしても、熟慮期間は遺産分割の合意をした日から進行するとした事例（東京高等裁判所・平成14年1月16日決定、家庭裁判月報55巻11号106頁）

などがあります。

一方、起算日の繰下げを認め、3カ月経過後であっても相続放棄を認めるべきであるとしたものとして、

④ 被相続人の死亡により相続人となった被相続人の弟妹が、法律を誤解し、被相続人の配偶者の連れ子が自分らより先順位の相続人であると信じていたため、被相続人の死亡を知った時から3カ月経過後に相続放棄の申述をしたケースにつき、このような場合は、その誤信に気づいた時から熟慮期間を起算すべきであるとした事例（仙台高等裁判所・昭和59年11月9日決定、判例タイムズ541号238頁）

⑤ 相続人は、被相続人死亡の時点で相続財産の存在を知っていたが、自分は被相続人から生前贈与を受けており、相続人間で、二男が跡をとり老母の面倒をみるとの話し合いがされていたので、その財産は二男が相続し、自分が相続する財産はないと信じたことにつき、そのように信じたとしても無理からぬ事情が認められるとして、3カ月経過後の相続放棄を認めた事例（名古屋高等裁判所・平成11年3月31日決定、家庭裁判月報51巻9号64頁）

⑥　相続人が、相続開始時に被相続人所有の財産が存在することを知っていたが、遺言により自分は一切相続することはないと信じていたときは、熟慮期間は相続債務の存在を知った時から進行するとした事例（東京高等裁判所・平成12年12月7日決定、判例タイムズ1051号302頁）

などがあります。

最高裁判所の判例は、熟慮期間の起算点繰下げの要件のひとつとして、「相続財産が全くないと信じたこと」を挙げています。

相続財産があることを知ってはいたが、他の相続人がすべて相続するため、自分が取得すべき財産はないと信じた場合をどう考えるかについて、下級審の裁判例が分かれています。遺産分割の協議をしている場合については、前記②③の裁判例のように熟慮期間の繰下げを認めないものが主流です。

これに対し、⑥の裁判例のように遺言により相続財産が全部他の相続人のものとなった場合は、相続人の共同相続財産がないことになり、繰下げを認めてもよいケースだと思います。

■結論

ご質問のケースは、本来であれば、連帯債務の4分の1相当額を相続することになります。しかし、遺言により財産全部がお母様のものになりましたので、熟慮期間起算点の繰下げにより相続放棄の申述が受理される可能性があります。

■実務ポイント

対債権者の関係では、遺言や遺産分割で財産を何ももらわなくても債務は相続しますので要注意です。相続が開始しましたら、早急に財産状況の調査をし、必要であれば相続放棄の申述を熟慮期間内にすること、やむを得ず可分の債務を相続するときは、相続分に相当する額を支払えばよいことをアドバイスするとよいでしょう。

第4選

限定承認の手続

相談事例

父柳澤亨が亡くなりました。相続人は、母柳澤良子、長男の私柳澤克己、長女の宮原恵美子の3人です。父の遺産は借地上の建物と預貯金のみですが、借金がかなりある様子です。相続人全員が相続放棄をしようと考えたのですが、私たちが放棄しますと、普段から全く交流のない父の兄弟姉妹が相続人になることになり、いろいろ面倒を掛けることになります。

相続はするけれども、相続財産の範囲で債務を支払えばよいという限定承認の制度があると聞きましたが、どのような手続が必要ですか。

解説

■限定承認の制度

（1）限定承認の意味

第1順位の相続人が全員相続権を放棄しますと、第2順位の相続人が繰り上がって相続をすることになります。もちろん、第2順位の相続人も、先順位の相続人が全員相続を放棄し、自分について相続があったことを知った時から3カ月以内に相続放棄をすることができます（民法915条1項）。しかし、第1順位の相続人が、普段交流のない後順位の相続人に相続放棄の手続を強いるなど、迷惑を掛けたくないと思うこともあり得るでしょう。このような場合に相続の限定承認をすることも、選択肢のひとつになります。

限定承認は、相続はするけれども、債務の相続や遺贈の弁済については、相続する財産の限度で責任を負えばよいという制度です（民法922条）。この点が、相続分に応じ債務全額について責任を負うことになる相続の単純承認と異なります。

限定承認の制度があるのは、①その相続が債務超過かどうかは清算してみなければわからないことがある、②被相続人が個人営業を営んでいたような場合には、債務超過を理由に一切を放棄するよりは相続財産の限度で責任を負い、営業を継続する可能性を残すほうがよい、③債務超過ではあるが、遺産の中に主観的価値があるなど、どうしても承継したい財産がある場合も否定できないなどの理由によるものと思われます。

(2) 債務弁済の引当てとなる相続財産

債務弁済などの引当てとなる相続財産とは、被相続人の一身専属権を除く財産です。

限定承認後、相続財産から生じた賃料等の収益もここにいう相続財産に含まれます（大審院・大正３年３月25日判決、大審院民事判決録20輯《しゅう》２３０頁）、また、相続財産である株式から生じた利益配当請求権も相続財産に含まれるという扱いです（大審院・昭和10年12月18日判決、大審院民事判例集14巻24号２０８４頁）。

限定承認をした相続人が、被相続人から不動産の死因贈与を受けていた場合、この不動産は債務の引当てになるでしょうか。

死因贈与は、贈与者の死亡によって効力を生ずる贈与契約です（民法５５４条）。この不動産は、本来であれば、贈与を受けた限定承認者の固有財産になるべき財産ですが、裁判例は、死因贈与に基づく限定承認者への所有権移転登記が相続債権者による差押登記より先になされていたとしても、信義則に照らし、限定承認者は相続債権者に対して不動産の所有権取得を対抗できないとして債務の引当てとなることを認めました（最高裁判所・平成10年２月13日判決、最高裁判所民事判例集52巻１号38頁）。

なお、生命保険金は、原則として受取人の固有財産ですから相続財産には含まれません。例えば、Aの相続人Bは生命保険金を相続によって取得するのではなく、契約によって原始的に取得するものであるから、Bが限定承認すれば保険金は相続債務の引当てにならないとする裁判例があります（大審院・大正11年2月7日判決、大審院民事判例集1巻19頁）。

■限定承認の申述

限定承認の申述（申立て）は、相続があったことを知った時から3カ月の熟慮期間内に、相続開始地（被相続人の最後の住所地）を管轄する家庭裁判所に行います。

相続人が複数いるときは、全員が申述する必要があります（民法923条）。共同相続人のうち、一部に相続放棄をした者があるときは、残りの相続人全員が申述すれば限定承認ができます。また、相続人の中に熟慮期間を徒過している者がいても、他の相続人の熟慮期間内であれば、全員で限定承認の申述ができます（東京地方裁判所・昭和30年5月6日判決、下級裁判所民事裁判例集6巻5号927頁）。

相続人の一部に、民法921条1号の単純承認の事由（相続財産の処分をしたとき）に該当する者がいる場合、その事実が限定承認申述時に家庭裁判所に明白となったときは、限定承認は受理されません（富山家庭裁判所・昭和53年10月23日審判、家庭裁判月報31巻9号42頁）。限定承認が受理された後に、相続財産を隠匿したり、正当の理由なく費消した相続人がいることが発覚した場合、その相続人については限定承認の効力が失われますが（民法921条3項）、その相続人を含め一応限定承認の清算手続を進めます。そして、相続債権者は、相続財産から弁済を受けられなかった債権額につき、相続分に応じ、その相続人の固有財産から弁済を受けることができます（民法937条）。

申述に際しては、申立書のほか、申立人の戸籍謄本、被相続人の戸籍（除籍、改製原戸籍）謄本、住民票の除票、財産目録を提出する必要があります。なお、申立ての費用として、収入印紙800円、連絡用の郵便切手代が必要になります。

■限定承認申述受理後の手続

(1) 申述の受理と相続財産管理人の選任

家庭裁判所は、申述が所定の方式にかない、申述人の真意に基づくものであることを確認できれば、その申述を受理します。

申述人が複数のとき、家庭裁判所は職権で申述した相続人の中から相続財産管理人を選任します（民法936条1項）。

相続財産管理人は、相続人のために、これに代わって、相続財産の管理をし、債務の弁済に必要な一切の行為を行います（民法936条2項）。

(2) 請求・申出の催告、公告

相続財産管理人は、選任の告知を受けた後10日以内に、すべての相続債権者、受遺者に対し、限定承認をしたことおよび一定の期間内にその請求の申出をするよう公告しなければなりません（民法936条3項）。なお、ここにいう一定の期間は2カ月を下ることはできません。公告は、官報に掲載して行います（民法927条4項）。

相続財産管理人は、すでに判明している債権者、受遺者には、公告とは別に、請求の申出をするか否か個別に催告をします（民法927条3項）。

(3) 公告期間満了前の弁済の拒絶

相続財産管理人は、請求の申出の公告期間満了前に、債権者、受遺者から請求があっても、弁済を拒絶することができます（民法928条）。

(4) 配当弁済

請求の申出期間が満了しますと、相続財産管理人は、相続財産をもって、期間内に申出をした債権者、判明している債権者らに、その債権額の割合に応じて配当弁済をします。ただし、相続財産の全部または一部に抵当権、質権など優先権を有する債権者には、一般債権者に優先して弁済をします（民法929条）。

(5) 受遺者への弁済

相続財産管理人は、債権者に対する配当弁済をした後、残余の財産があるときに、初めて受遺者に弁済をします（民法９３１条）。

(6) 弁済のための相続財産の換価

相続財産管理人は、弁済のために相続財産を売却する必要があるときは、裁判所に申立てをして競売をしなければなりません（民法９３２条、民事執行法１９５条）。相続財産の中に金銭以外の不動産、船舶、動産などがある場合です。競売をしないで、債権者や受遺者に相続財産で代物弁済をすることは許されません。

相続財産のうちに、相続人の今後の生活の基盤となる財産や被相続人との関係などから相続人にとって主観的価値を有する財産がある場合、限定承認をした相続人は、家庭裁判所が選任した鑑定人の評価に従い、これら財産の価額を弁済してその財産を保有することができます。

■結論

相続人全員が揃って相続開始地の家庭裁判所に申述すれば、限定承認は受理されると思います。相続人のうちの１人が相続財産管理人に選任され、債権者らに対する公告や配当弁済をすることになります。相続財産のうち、どうしても保有をしたい財産があるときは、鑑定人の評価に従い価額を弁済して取得することができます。

■実務ポイント

限定承認の手続は、あまり知られておらず、その概要を理解しておくことは大切です。

相続債権者は、限定承認をした相続人に対し、債権全額について訴訟を起こすことができますが、裁判所は、債務全額について給付判決をするものの、相続財産の限度において弁済すべき旨留保を付した判決をすべきであるとされていること（大審院・昭和7年6月2日判決、大審院民事判例集11巻11号1099頁）、仮に、債権者が限定承認をした相続人の固有財産について強制執行をした場合、相続人は異議訴訟（民事執行法35条の請求異議訴訟によるとする説が有力）を提起できることを知っておくとよいでしょう。

第5選 特別縁故者に対する財産分与

相談事例

私安田美子は、福田昭英が個人で営む飲食店の従業員をしていますが、8年ほど前から福田の住むワンルームマンションに同居し、夫婦同様の生活を送ってきました。事情があって、入籍が延び延びになっていたところ、福田は交通事故であっけなく死んでしまいました。福田は天涯孤独の身で、相続人などは1人もおりません。福田の所有するマンション、3000万円の預金、店舗の賃借権、それに事故の損害賠償請求権などはどうなるのですか。私としては、なんとかして店だけは続けたいと思っています。

解説

■相続人不存在と相続財産の行方

相続人がいれば相続財産は相続人に承継されます。相続人がいるかいないか不明のときは、利害関係人または検察官の請求によって相続財産管理人が選任され（民法９５２条）、債権者や受遺者に対する義務を履行する一方、相続人の捜索をします。相続人捜索公告の期間が満了しても相続人が見つからない場合は、相続人不存在が確定し、残った相続財産は国庫に帰属します（民法９５９条前段）。

相続財産管理人の管理に付された相続財産は、所有者のいない財産（民法２３９条）として扱うわけにはいかないので、法人とされます（民法９５１条）。相続財産管理人はこの法人の代理人です。

家庭裁判所は、相続財産管理人を選任した場合、遅滞なく裁判所の掲示板や官報で選任の公告をします（民法９５２条2項）。

相続財産管理人選任後の手続は、順次、次のように進行します。

① 管理人選任の公告（2カ月間・民法９５２条2項）

② 相続債権者・受遺者に対する請求申出の公告（2カ月間・民法９５７条1項）

③　相続人捜索の公告（6カ月間・民法958条）

相続人捜索の公告期間が満了しますと、相続人がないことに確定します（民法958条の2）。そして、特別縁故者は、公告期間満了後3カ月以内に、家庭裁判所に財産分与請求をすることが可能になります。

■特別縁故者の財産分与請求

相続財産が国庫に帰属する前に、相続人ではないが被相続人と特別の縁故があった者に、相続財産の全部または一部を与える制度を特別縁故者に対する財産分与の制度といいます。この制度は、1962年の民法改正によって認められました。

民法958条の3は、前条の場合（相続人の不存在が確定した場合）において、相当と認めるときは、家庭裁判所は、被相続人と生計を同じくしていた者、被相続人の療養看護に努めた者、その他被相続人と特別の縁故があった者の請求によって、これらの者に清算後残存すべき相続財産の全部または一部を与えることができるとしています。

分与の要件は、特別な縁故の存在と分与することの相当性です。

■特別縁故者の例

特別縁故者と認められた例に、次のようなものがあります。

(1) 被相続人と生計を同じくしていた者

内縁の夫婦、事実上の養親子が、まずこれに当たります。

内縁の妻が、30年以上被相続人と生活をともにし、被相続人死亡の際には唯一の身寄りとして葬儀を営み菩提を弔ったほか、被相続人が国から払下げを受けていた27平方メートルの家屋の代金半額の未納分を完済したケースについて、特別縁故者と認めた事例（東京家庭裁判所・昭和38年10月7日審判、家庭裁判月報16巻3号123頁）があります。

また、被相続人の本籍が不明であったため、婚姻届出がなされず被相続人と内縁関係にあった母との間に生まれた2人の子が、母の非嫡の子として出生届がなされ、被相続人死後も認知の手続がされていない場合に、子の1人から申し立てられた特別縁故の申立てが認められた事例（大阪家庭裁判所・昭和52年11月18日審判、家庭裁判月報30巻11号71頁）があります。

(2) 療養看護に努めた者

被相続人と生計を別にしていた親族や知人などで、被相続人の療養看護に尽くした者がこれに当たります。

中学卒業後、被相続人方の住込み店員として定額の給料で働き、被相続人の妻の入院後は、店員の仕事のほか被相続人の家事、雑用に従事し、妻の死後8年間にわたり一人暮らしとなった被相続人の炊事、洗濯、食事等身辺の世話、病気の看病に当たり、被相続人の信頼を受けて精神的な支えとなっていた申立人を特別受益者と認めた事例（大阪高等裁判所・平成4年3月19日決定、家庭裁判月報45巻2号162頁）、被相続人に依頼された看護師として、2年以上も、連日、誠心誠意看護に尽力し、その看護ぶり、看護態度からして、対価として得ていた報酬以上に看護に尽くしたと認められる申立人を特別受益者と認めた事例（神戸家庭裁判所・昭和51年4月24日審判、判例時報822号17頁）があります。

(3) その他被相続人と特別の縁故関係があった者

その他特別の縁故関係があった者とは、前記の（1）（2）に該当する者に準ずる程度に被相続人との間に具体的かつ精神的・物質的に密接な交渉のあった者で、相続財産をその者に分与することが被相続人の意思に合致するであろうとみられる程度に特別の関係があった者をいいます（大阪高等裁判所・昭和46年5月18日決定、家庭裁判月報24巻5号47頁）。

特別の縁故関係が認められた事例として、次のようなものがあります。

① 50年以上にわたって絶えず被相続人のよき相談相手として同女の孤独をなぐさめ、経済面でも互いに助け合って生活安定に寄与し、死に際しては死に水までとった「人生の奇縁」ともいうべき同女の元教え子（大阪家庭裁判所・昭和38年12月23日審判、家庭裁判月報16巻5号176頁）

② 被相続人の亡夫の実弟で、歌人である被相続人を母のように敬愛してその文化活動に協力

し、被相続人の晩年には最も頼れる親族の1人であり、葬儀に際しては喪主となり、その後の法要を行い、遺稿の整理をしている者（名古屋家庭裁判所・昭和48年2月24日審判、家庭裁判月報25巻12号44頁）

③　被相続人の又従兄弟（親同士が従兄弟である子の関係）の配偶者で、老人ホームに入所している被相続人の身元引受人となり、被相続人から依頼されて任意後見契約を締結しており、精神的支えになっている者（鳥取家庭裁判所・平成20年10月20日審判、家庭裁判月報61巻6号112頁）

④　被相続人が約37年間にわたり、その経営者ないし代表者として私財を投じてその財政的基盤の確立に努める一方、指導理念の制定や行事等にも関与し、晩年には短期大学の設置を実現するために情熱を燃やしていたことが認められる学校法人（前記神戸家庭裁判所・昭和51年4月24日審判）

⑤　被相続人が大阪府下の某市に永年居住していたところ、その遺産を同市の老人救護費として用いて欲しい旨の自筆証書遺言をしていたが、遺言書に日付の記載がなかったため、遺言が無効となってしまった場合の某市（大阪家庭裁判所・昭和42年4月13日審判、家庭裁判月報20巻2号45頁、判例タイムズ229号331頁）

■過去の一時期の縁故

過去の一時期に縁故があった者も特別縁故者と認められるかという問題があります。

この点について、被相続人死亡の時において現実に生計同一のごとき縁故が存在しなければならないのではなく、過去のある一時期に縁故が存在したことをもって足りるとする裁判例があります（東京家庭裁判所・昭和41年5月13日審判、家庭裁判月報18巻12号52頁）。

■死後縁故

被相続人が死亡した後に、葬儀や法事を執り行って初めて縁故関係が生じた場合、特別縁故者と認めることができるかが問題となりました。民法958条の3が「特別の縁故があった者」と規定しているのは死後離縁を予定していないとみるべきであること、死後縁故を認めると家制度や祭祀相続の復活に結びつくおそれがあることなどから、否定説が有力です。

生前の縁故がある場合に、死後の縁故をも考慮して特別縁故者か否かを判断することは構いません。

■結論

相談者は、被相続人と生計を同じくしていた者ですから、特別縁故者と認められる可能性があります。

そこで、相続が開始した地を管轄する家庭裁判所に相続財産管理人選任の申立てをします（家事事件手続法203条・別表第一99項）。その上で、選任後の手続の進行を待ち、民法958条に定める相続権主張催告（最後の相続人捜索公告）期間満了後3カ月以内に特別縁故者に対する財産分与の申立て（家事事件手続法204条・別表第一101項）をするとよいでしょう。

■実務ポイント

特別縁故者に当たるか否かは、これまでの裁判例を検討して判断するとよいでしょう。また、特別縁故者と認められたとして、相続財産の全部が分与されるか、一部の分与にとどまるかは裁判官の裁量により決まります。裁判官は、縁故関係の内容、厚薄、程度、特別縁故者の性別、年齢、職業、教育程度、残存すべき相続財産の種類、評価額、状況、所在場所その他一切の事情を考慮して決定することを知っておくとよいでしょう。

第2章

相続財産に関する相談事例

第6選

相続財産の確定

相談事例

会社員をしていた父関根二郎が、深夜自宅付近の横断歩道を歩行中、自動車にはねられ死亡しました。父は、母関根初子と死別した後、内妻の後藤幸子と賃貸マンションで暮らしており、相続人は長女の私飯田智子と長男関根利雄、二男関根浩二の3人です。

父は、普通預金、友人に対する貸金債権、現金、株式などを残していました。生命保険にも加入しておりましたが、保険金受取人は内妻の後藤幸子となっているそうです。

また、会社から死亡退職金も出るようです。なお、父の株式は父の死亡後長男の利雄が全部売却しており現在はありませんが、長男は売却した事実を認め、受領した売却代金は返還すると約束しています。父の相続財産の範囲はどのようになりますか。また、マンションの明渡しを求めることはできますか。

解説

被相続人の所有していた財産は、一身専属権を除き、債務も含めてすべて相続の対象となります。遺産分割協議の前提として、相続財産を確定する必要があります。ご質問のケースについて問題となる財産は次のとおりです。

■生命侵害による損害賠償請求権

生命侵害を理由とする損害賠償請求権は、財産的損害と精神的損害に分けて考えます。

(1) 財産的損害に関する請求権

財産的損害の内容は、医療や葬儀にかかった現実の費用と生きていれば得られたであろう利益（うべかりし利益＝逸失利益）などです。逸失利益については、人は死亡すれば権利主体ではなくなるから、被害者が賠償請求権を取得し、これが相続されるということは考えられないとする相続否定説があります。ところが、被害者が即死せず、負傷した結果、逸失利益の損害賠償請求権を取得し、その後に死亡した場合は相続を認めることとの不均衡が指摘されていました。そこで、裁判所は、即死の場合でも、受傷と死亡の間には観念的な時間の間隔があるとした上で、「傷害ノ瞬時ニ於イテ」被害者に逸失利益の賠償請求権が発生し、相続人はこれを相続するとしました（大審院・大正15年2月16日判決、大審院民事判例集5巻3号150頁）。

（２）精神的損害に関する請求権

精神的損害に関する請求権（慰謝料請求権）は、精神的苦痛の有無が極めて主観的なものであるため、当初は本人が請求して初めて確定する権利と解されていました。

その結果、被害者が慰謝料請求権を行使する旨の意思表示をした場合に限り、その権利の相続が認められるとされました。裁判例は、被害者が、事故の際「残念、残念」と叫びつつ死亡した場合は、被害者が自分の過失によるのを悔やんだといった特別の事情のない限り、加害者に慰謝料を請求する意思表示をしたものと解されるとしました（大審院・昭和2年5月30日判決、法律新聞２７０２号5頁、「残念、残念事件」）。また、被害者が「向フカ悪イ向フカ悪イ止メル余裕アツタノニ止メナカツタ」といって死亡した場合も、損害賠償の意思表示をしたものとみなすのが相当であるとしました（大審院・昭和12年8月6日判決、大審院判決全集４輯《しゅう》15号10頁、「向こうが悪い事件」）。

しかし、「残念」「向こうが悪い」という暇もなく即死した場合に、慰謝料請求権を認めないというのは、おかしな話です。そこで、最高裁判所は、不法行為による慰謝料請求権は、被害者が生前に請求の意思を表明しなくても当然に発生し、被害者の相続人がこれを相続するとしました（最高裁判所・昭和42年11月１日判決、判例時報４９７号13頁）。

ご質問のケースの被相続人の死亡による損害賠償請求権は、財産的損害、精神的損害ともに相続の対象になります。

■普通預金等の可分債権

被相続人の普通預金や貸金債権などの債権も相続の対象になります。裁判例は、可分債権については、相続開始とともに当然分割され、各相続人に法定相続分に応じて帰属するという立場に立っていますが（最高裁判所・昭和29年4月8日判決、最高裁判所民事判例集8巻4号819頁、最高裁判所・平成16年4月20日判決、判例タイムズ1151号294頁）、その一方で、相続人全員の明示または黙示の合意がある場合、可分債権であっても遺産分割の対象となしうるとしています（東京家庭裁判所・昭和47年11月15日審判、家庭裁判月報25巻9号107頁）。なお、可分の相続債務も、法定相続分に従い当然分割されますが、相続人の合意で内部的な分担割合を決めることができます。ただし、分担割合は、内部的なもので債権者を拘束するものではありません。

■定額郵便貯金

定額郵便貯金は、法律上、預入日から10年が経過するまでは分割払戻しができないことになっていますので、その貯金者が死亡したからといって相続開始と同時に、当然に相続分に応じて分割されることはありません（最高裁判所・平成22年10月8日判決、最高裁判所民事判例集64巻7号1719頁）。したがって、遺産分割の対象となります。

■現金

被相続人が所有していた現金も、相続人の共有財産として当然に相続の対象となります。現金は分割が容易ですが、遺産分割を経ないと分割できません。相続人は、遺産分割が終了するまで、現金を保管している他の相続人に対し、自分の相続分に相当する現金の交付を求めることができないというのが判例です(最高裁判所・平成4年4月10日判決、判例タイムズ786号139頁)。

■株式－代償財産

株式も相続財産ですが、可分債権とは異なり当然分割にはならず、遺産分割が終了するまでは相続人の共有になります(東京高等裁判所・昭和48年9月17日判決、判例タイムズ303号153頁)。ご質問では、株式は長男により他に売却済みで、長男に対する売却代金返還請求権のみが残っています。この返還請求権は、正確な意味では相続財産ではありませんが、本来の財産に代わる代償財産として遺産に準じ、または遺産と同視できるとして遺産分割の対象となるとするのが、通説であり判例のとる立場です(東京高等裁判所・昭和39年10月21日決定、高等裁判所民事判例集17巻6号445頁)。

■死亡保険金

保険契約者が、自己を被保険者とし、特定の者を受取人としている場合、被保険者が死亡すると、受取人は契約の効果として当然に保険金請求権を取得しますので、保険金は受取人の固有財産となり、相続財産とはなりません（最高裁判所・平成14年11月５日判決、最高裁判所民事判例集56巻８号２０６９頁、判例タイムズ１１０８号３００頁、判例時報１８０４号17頁）。死亡保険金と相続の関係については第７選をご覧ください。

■死亡退職金

死亡退職金は、法律や私企業の内規で受給権者が定まっている場合は、受給権者が固有の財産として取得します。受給権者が法律や内規で定まっていない場合は、相続財産に含まれると解釈されることが多いようです（神戸家庭裁判所尼崎支部・昭和47年12月28日審判、家庭裁判月報25巻８号65頁、東京家庭裁判所・昭和47年11月15日審判、家庭裁判月報25巻９号１０７頁）。しかし、受給に関する内規を持たない企業や法人が、受給権者を決定して死亡退職金を支給した場合には、その受給権者の固有財産となり、相続財産になりません（最高裁判所・昭和62年３月３日判決、家庭裁判月報39巻10号61頁）。死亡退職金と相続の関係については第８選をご覧ください。

■賃借権

土地や家屋の賃借権も、公営住宅のように入居基準がある場合を除き、当然に相続の対象になります。被相続人のマンション賃借権も相続人が共同相続し、遺産分割の対象となります。ご質問のケースでは、被相続人の内妻の居住権が問題になります。

被相続人の死亡後、その所有家屋に居住する内妻に対し、相続人が明渡しを求めた事案に対し、裁判所は、相続人がその家屋を使用しなければならない差し迫った必要が存在せず、内妻の側に独立していない子女がいるなど明渡しが家計上重大な打撃を受ける場合は、明渡し請求が権利濫用として許されないとしました（最高裁判所・昭和39年10月13日判決、最高裁判所民事判例集18巻8号1578頁）。この裁判例をご質問のケースに当てはめると、明渡し請求が認められるかは微妙なところです。

一方、内妻と家主との関係では、内妻は相続人の家屋賃借権を援用して居住権を主張できるとする判例があります（最高裁判所・昭和42年2月21日判決、判例タイムズ205号87頁、判例時報477号9頁）。この場合、相続人が賃借権を放棄したり、賃貸借契約を合意解除したらどうなるかという問題が残りますが、このような場合の放棄や解除は居住者との関係では無効となるとした裁判例があります（大阪地方裁判所・昭和38年3月30日判決、判例時報338号34頁）。

なお、居住用建物の賃借人が相続人なしに死亡し、同居していた内妻や事実上の養子が残された場合、内妻や事実上の養子は、当該建物について賃借人の権利義務を承継するという規定があります（借地借家法36条1項本文）。ただし、相続人なしに亡くなったことを知った後、1カ月以内に賃貸人に反対の意思表示をすれば承継はありません（同条1項ただし書）。

■結論

相続財産として扱われるのは、生命侵害による損害賠償請求権、普通預金、貸金債権、現金、株式の代償財産である代金返還請求権、マンション賃借権で、死亡退職金は場合によって相続財産であったり、そうでなかったりします。また、今回の死亡保険金は相続財産ではありません。

■実務ポイント

損害賠償請求権、普通預金、貸金債権など可分債権は、相続開始と同時に各相続人に相続分の割合に応じて帰属するというのが裁判所の判例ですが、相続人全員の同意のもと、遺産分割の対象とするほうが遺産全体の分割がスムーズに行われることになります。

相続人以外の者が相続の対象となる建物に居住する場合、ケースにより、相続人の明渡し請求が権利濫用とされることもあり、今後の居住関係を明確にするため話し合いで円満に解決するようアドバイスするとよいでしょう。

第7選 死亡保険金と相続の関係

相談事例

父市川一郎は町工場を経営していましたが、このたび病気で亡くなりました。相続人は、兄市川夏夫、私市川成一、それに妹中山和子の3人です。母は数年前に他界しています。父は兄夏夫に町工場を継がせるため、全財産を兄夏夫に相続させる旨の遺言を残していました。

父は、生前、妹にマンションの1室を買い与え、高額の生命保険料を払っていた生命保険金の受取人に私を指定していたため、財産全部を兄に相続させることにしたのだと思って納得していました。

ところが、最近になって、兄が「全財産を相続させる遺言があったから成一が受け取った生命保険金も自分のものだ」と言ってきました。また、妹は「生命保険金も相続財産なのだからそのうちの3分の1を欲しい」と言ってきました。兄と妹が言うとおり、私は受け取った保険金を渡さなければなりませんか。

解　説

■死亡保険金の性質

生命保険契約は、保険者（保険会社）が保険契約者との間で、保険契約者または第三者（被保険者）の生死について保険金を支払うことを約束し、保険契約者が保険者に保険料を支払うことを約束する契約です（保険法２条８号）。

保険事故が発生し、死亡保険金請求権が発生した場合、この権利は受取人に指定された者の固有の権利となり、相続財産には含まれないとするのが通説であり、判例の立場でもあります（大審院・昭和11年５月13日判決、大審院民事判例集15巻11号８７７頁）。そのため、受取人となった相続人は、相続放棄をしていたとしても保険金を受け取ることができます（名古屋地方裁判所・平成４年８月17日判決、判例タイムズ８０７号２３７頁）。

■受取人の特定

①受取人として特定の個人が指定されている場合

受取人とされた個人が、固有の権利として保険金を取得します。

受取人として「妻・A」と記載されたが、保険事故発生時には離婚していた場合、Aが受取人といえるかが争われた事例について、裁判所は、妻という文言はAの特定を補助する意味を有するにすぎないと理解するのが合理的で、妻の身分を有する限りにおいてその者を受取人とすることをうかがわせる特段の表示がない限り、離婚後のAが受取人であるとしました（最高裁判所・昭和58年9月8日判決、判例時報1094号109頁）。

②受取人が「相続人」とされている場合

判例は、特段の事情がない限り、保険事故発生時の相続人が法定相続分の割合に応じ、固有の権利として保険金を取得するとしています（最高裁判所・平成6年7月18日判決、判例時報1511号138頁）。

内縁の妻を相続人と解し得るか争われたケースで、裁判所は、遺言者と内縁の妻は内縁の妻が夫と離婚でき次第婚姻をする意思を有していたが、保険契約締結当時、遺言者はまだ長く生存するものと考えていたことに照らせば、法定相続人との文言をもって内縁の妻を表示したと認めることはできないとしました（東京地方裁判所・平成8年3月1日判決、金融・商事判例1008号34頁）。

③受取人として指定された者が保険事故発生前に死亡した場合

保険契約者は受取人を変更（再指定）することができるものの、受取人死亡後、それをしないまま死亡した場合には、受取人の相続人全員が受取人となります（保険法46条）。

裁判所も、保険約款において「受取人の死亡時以降受取人が変更されていないときは、保険金受取人の死亡時の法定相続人に変更されたものとする」旨定められているときは、この約款の趣旨は、死亡した受取人の法定相続人または順次の法定相続人で支払事由発生時に生存する者を受取人とすることにあるとしました（最高裁判所・平成４年３月13日判決、判例タイムズ７８４号１７０頁、判例時報１４１９号１０８頁）。

④保険契約者が第三者を被保険者とするとともに受取人としている場合

保険契約者としては、被保険者兼受取人の相続人を受取人とした趣旨と理解されています。

⑤保険契約者が自分を被保険者とするとともに受取人にしている場合

保険契約者・被保険者兼受取人の相続人が、保険金を法定相続分の割合に応じて固有の権利として取得するものとされています。

⑥受取人が最初から指定されていない場合

保険金受取人の指定がない場合、約款において「保険金受取人の指定のないときは、保険金を被保険者の相続人に支払う」旨規定されることが多いようです。裁判例は、このような約款に基づき締結された保険契約は、保険金受取人を被保険者の相続人と指定した場合（前記②）と同様、特段の事情がない限り、被保険者死亡の時におけるその相続人たるべき者のための契約と解するのが相当であるとしました（最高裁判所・昭和48年6月29日判決、判例タイムズ２９８号２１８頁、判例時報７０８号85頁）。

■生命保険と遺言

（1） 遺言による受取人の変更

生命保険の受取人の変更は、保険事故が発生するまでの間であればいつでも可能です（保険法43条）。ただし、死亡保険契約については、被保険者の同意がなければ、その効力を生じません（保険法45条）。

遺言で受取人の変更ができるかについて、旧商法は明確な条文を置いていなかったため、肯定、否定の両説がありました。しかし、平成20年に改正された保険法44条は「保険金受取人の変更は、遺言によっても、することができる」として、この争いに決着をつけました。

（2） 全財産を相続させる遺言と受取人変更の有無

遺言で受取人の変更が可能ということになると、お兄さんに全財産を相続させる遺言が、保険金受取人をお兄さんに変更する趣旨を含むのか否かが問題となってきます。

「一切の財産をAに相続させる」「全財産をAに遺贈する」などの遺言が受取人の変更をする趣旨と解しうるかについては、これを肯定する裁判例と否定する裁判例があります。

受取人変更を認める裁判例としては、

① 離婚後、家族と疎遠となり、妹A宅に身を寄せていた遺言者が、病気となりAの家族による看護を受けていることにつき強い感謝の念を抱いていたことを認定し、Aに全財産を相続させるとした公正証書遺言に保険金受取人をAに変更する効力を認めた事例（京都地方裁判所・平成18年7月18日判決、判例集未登載、金融・商事判例1250号43頁、山下典孝論文引用）

② 自筆証書遺言中に、保険契約や共済契約と保険金額が具体的に記載され、これらを「Xに相続させる」とあった場合に、Xに受取人を変更したものと認めた事例（東京高等裁判所・平成22年2月4日判決、保険事例研究会レポート250号1頁）

などがあり、一方、変更を否定した裁判例には、

③「全財産をBに遺贈する」旨の公正証書遺言について、その記載からは保険金受取人の変更の意思が外部から明確に確認できないとして変更を否定した事例（名古屋高等裁判所・平成13年7月18日判決、生命保険判例集13巻573頁）

④「Cにすべての財産を相続させる」旨の公正証書遺言について、受取人の変更の意思表示が明示されていないとして変更を否定した事例（東京地方裁判所・平成20年9月18日判決、ウエストロー・ジャパン2008WLJPCA09188001）

などがあります。

保険金が、相続財産に含まれず、受取人の固有財産に属することを考えると、遺言中に保険契約について何らの言及がない場合は、「すべての財産を相続させる」とあっても、受取人の変更が認められるのは、特別の事情がある場合に限られるものと思われます。前記②、③、④の裁判例の結論が相当なところでしょう。

そうすると、ご質問にあるお兄さんの主張が、受取人が変更されたという趣旨だったとしても認めがたいところです。

■死亡保険金の取得と特別受益

ご質問のケースでは、お父様の遺言により遺産分割の対象となる相続財産はなくなっており、特別受益（民法９０３条）の成否を論ずる余地がありません。特別受益や寄与分（民法９０４条の2）は、遺産分割の際に、公平の見地から法定相続分を修正する要素として登場するものです。

そこで、一般論として死亡保険金の取得が特別受益になるかを説明しましょう。

保険金の取得が特別受益にあたるか否かについては、肯定・否定の両説がありました。しかし、最高裁判所は、死亡保険金の取得は原則として特別受益にはあたらないが、保険金受取人である相続人とその他の相続人との間に生ずる不公平が民法９０３条の趣旨に照らし到底是認できないほどに著しいと評価すべき特段の事情がある場合には、同条の類推適用により、特別受益に準じて持戻しの対象になるとしました。（最高裁判所・平成16年10月29日決定、最高裁判所民事判例集58巻7号1979頁）。

■結論

保険金は、質問者の固有財産であって、相続財産ではありません。ご質問のケースでは、全財産を相続させる遺言で受取人の変更がなされたともいえません。つまり、お兄さんや妹さんの要求に応じる必要はありません。

■実務ポイント

死亡保険金の性質を理解する必要があります。保険金受取人が死亡したとき、受取人と離婚・離縁したときは忘れずに受取人変更の手続をしておくことが大切です。遺言で受取人の変更をする場合は、変更する趣旨を明確に記載するようアドバイスしましょう。

第8選

死亡退職金と相続の関係

相談事例

私の父吉田太郎は、ある財団法人の理事長をしておりましたが、数年前、在職中に亡くなりました。父が勤めていたその財団法人には、死亡退職金の支給規程はなかったのですが、同法人では父に対する退職金を配偶者である父の後妻吉田華子に支給する決定がなされ、2000万円が支払われました。子どもである私や他の兄弟達は、義母が相続人の代表として受け取った退職金ですから、遺産分割の対象とすべきだと主張しています。私たちの主張は間違っていますか。

解説

■死亡退職金の性質

死亡退職金が相続財産に含まれるか否かは、その性質をどう見るかによって結論が異なるとされています。

死亡退職金の性質については、①労働者の勤続に対する恩恵的な給付であるとする功労報償説、②遺族の生活保障のための給付であるとする生活保障説、③在職中に支払われなかった賃金の後払であるとする賃金後払説の３つの説があります。

①の功労報償説、③の賃金後払説は、退職金請求権は亡くなった本人に帰属しますので相続財産と解されることになり、②の生活保障説では、退職金は支給を受けた遺族固有のものと解されることになりそうです。

しかし、死亡退職金は、３説が述べるそれぞれの性質を併せ持つことも否定できず、その性質論から直ちに帰属を決めるのは難しい面があります。

そこで、死亡退職金支給の根拠規程がどうなっているかを検討する必要が出てきます。

■退職金支給の根拠規程

（1） 受給権者が法令により定められている場合

国家公務員退職手当法は、死亡退職金の受給権者を「遺族」とし、その順位を、①配偶者（内縁を含む）、②子、父母、孫、祖父母、兄弟姉妹で職員の死亡当時主としてその収入により生計を維持していた者、③職員の死亡当時主としてその収入により生計を維持していた親族、④子、父母、孫、祖父母および兄弟姉妹で前記②に該当しない者としています（同法2条、2条の2）。国家公務員共済組合法、地方公務員等共済組合法、退職手当に関する都道府県条例も「遺族」についてほぼ同様の定め方をしています。

これらの規程は、受給権者として、民法の定める法定相続人の範囲および順位と異なった定めをしており、死亡した職員と生計を一にしていた者の生活を保障する趣旨と受け取れますので、規程に基づく死亡退職金は相続財産ではなく、受給権者固有のものということになります。

裁判例も、県学校職員退職手当支給条例の規定による受給権者は、死亡退職金を固有の権利として取得するとしました（最高裁判所・昭和58年10月14日判決、判例時報1124号186頁）。

（2） 受給権者が法人の内部規程で定められている場合

①受給権者が具体的に定められている場合

民間企業など、法人の内部規程で受給権者が具体的に定められている場合はどうでしょうか。

この場合も、受給権者固有の権利とされています。

特殊法人の「職員の退職手当に関する規程」に、死亡退職金の受給権者として、第1順位は内縁の配偶者を含む配偶者であって、配偶者があるときは子は全く支給を受けないこと、直系血族間でも親等の近い父母が孫より先順位となり、嫡出子と非嫡出子が平等に扱われ、死亡した者の収入により生計を維持していたか否かにより受給権者の範囲および順位に差異を生ずることなど、民法の規定する相続人の範囲、順位とは著しく異なった定め方がされている場合は、その規程は遺族の生活保障を目的として受給権者を定めたものと解されるとし、受給権者たる遺族は規程の定めにより固有の権利として退職金を取得するとした裁判例があります（最高裁判所・昭和55年11月27日判決、最高裁判所民事判例集34巻6号815頁）。

②「遺族に支給する」と定められている場合

法人の内部規程で「遺族に支給する」と定められている場合はどうでしょうか。

この場合も、内部規程はもっぱら職員の収入に依存して生活していた遺族の生活保障を目的としていると見て、受給権者固有の権利としています。

最高裁判所は、死亡退職金の支給等を定めた学校法人の規程が、死亡退職金は、「遺族にこれを支給する」とだけ規定している場合、その規程はもっぱら職員の収入に依拠していた遺族の生活保障を目的とし、民法上の相続とは別の立場で死亡退職金の受給権者を定めたものであって、受給権者たる遺族の具体的な範囲および順序については、私立学校教職員共済組合法25条（昭和54年法律第74号による改正前のもの）および国家公務員共済組合法2条、43条の定めるところを当然の前提としていたのであるから、それらの規定による第1順位の受給権者が固有の権利として退職金を取得するとしました（最高裁判所・昭和60年1月31日判決、家庭裁判月報37巻8号39頁）。

③「相続人に支給する」と定められている場合

「相続人に支給する」と定められている場合については、死亡退職金は相続財産に属し遺産分割の対象となるとする説、相続財産ではなく受給権者である相続人が固有の権利として取得するとする説の2つの説があります。規程の趣旨は、受給権者として相続人各個人を指定したものと見られるので、後説が相当といえるでしょう。

(3) 死亡退職金支給規程がない場合

支給規程がない場合については、死亡した職員が退職金請求権を取得しており、その地位を相続人が承継するとして、相続財産となるとする説が有力でした。

会社の代表取締役または取締役会長として、直接に会社経営に当たってきた人が在職中に亡くなり、死亡退職金が支給されることになりましたが、会社に支給規程がなかったため、内縁の妻が受給権者となるのか、相続人が受給権者となるのか争われたことがありました。この事例について、裁判所は、本件退職金の性質を考えると、遺族の生活保障という実質は著しく後退し、その性質は生前の会社経営に対する功労報酬にほかならないから、相続財産であり、その権利は相続人に帰属するとしました（東京地方裁判所・昭和45年2月26日判決、判例タイムズ248号260頁）。

また、会社に支給規程がなく、株主総会で支給の決議がされたものの、受取人を定めなかった事例について、裁判所は、会社役員の死亡退職金は在職中の功労に対する対価として支給されるものであるから、株主総会で受取人を定めなかったときは相続財産となるものと解するのが相当であるとしました（神戸家庭裁判所尼崎支部・昭和47年12月28日審判、家庭裁判月報25巻8号65頁）。

ところが、最高裁判所は、退職金支給規程のない財団法人の理事長の死亡退職金について、支給先とされた理事長の妻が固有財産として取得する旨を明らかにしました。

財団法人Aは、理事長Bの死亡後、Bの妻Yに死亡退職金を支給しました。これに対し、Bの子であるXらは、死亡退職金は相続財産としてXら、およびYの共有財産であるから相続分に従い分割されるべきであると主張しました。

第一審の東京地方裁判所は、相続財産であることを認め、Xらの主張を認めましたが、第二審の東京高等裁判所は、本件死亡退職金は相続という立場を離れてBの配偶者であるYに対して支給されたものであるから、Yの固有権であるとしました。

そこで、Xらが上告したところ、最高裁判所は、死亡退職金の支給規程のない財団法人において、理事長の死亡後同人の妻Yに支給決定をして支払われた死亡退職金は、特段の事情のない限り、相続財産に属するものではなく、受給権者の固有財産と見るべきであるから、妻Y個人に属するものとした高等裁判所の認定判断は相当であるとしました（最高裁判所・昭和62年3月3日判決、判例時報1232号103頁）。

裁判例の流れとしては、受給権者がいずれかの方法で定まる以上、特別の事情がない限り、死亡退職金は、受給権者固有の権利となり相続財産とはならないということになりそうです。

■遺族給付の帰属

死亡退職金とは別に、遺族給付が支給されることがあります。

遺族給付とは、社会保障関係の法律によって、死者と一定の関係にある親族に対して支給される給付をいいます。損失補償、遺族一時金、遺族年金、弔慰金、葬祭料などいろいろな名目で支給されます。

遺族給付についても、退職金と同様に、受給権者固有の権利と考えてよいでしょう。

厚生年金保険法58条にいう被保険者の死亡による遺族年金は、相続法とは別個の立場から受給権者と支給方法を定めたものと見られ、妻が支給を受けた遺族年金は同人の固有の権利に基づくもので被相続人の相続財産ではなく、また、特別受益にも該当しないとする審判例があります（大阪家庭裁判所・昭和59年4月11日審判、家庭裁判月報37巻2号147頁）。

■結論

ご質問の死亡退職金は、前記（3）に紹介した昭和62年3月3日の最高裁判所の判例が存在することを考えますと、配偶者の固有財産という結論になりますので、質問者の主張は、残念ながら誤りということになります。

■実務ポイント

死亡退職金の帰属が問題になりましたら、まず、支給の根拠となる法令や支給規程の有無を確認します。支給規程がない場合は、どのような根拠で受給権者が決定されたのか、これまでの先例はどうであったかなどを調査してみると、おのずから結論が出てくるものと思われます。

第9選 ゴルフ会員権の相続性

相談事例

私の父田中俊和が亡くなり、私田中俊一は、父の遺言に基づき、あるゴルフクラブの会員権を相続することになりました。

そのゴルフクラブの規約には、特に相続に関する禁止規定が存在していなかったため、その会員権の名義書換の請求をしたところ、ゴルフクラブを運営する会社から「当会社の会員権は、その人個人限りのものなので、理事会の承認がないと相続承継することはできません」との回答がありました。私は、父からゴルフ会員権を相続することはできないのでしょうか。

解説

■ゴルフ会員権の性質

「ゴルフ会員権が相続の対象となるか」という問題は、ゴルフ会員権がどのような性質を持つ財産権であるかということと密接に関連しています。

ゴルフ会員権が、被相続人の一身専属の権利であるとすれば相続の対象にならず、一身専属でなく譲渡可能な財産権であるとするなら相続の対象になる可能性があります。

ゴルフクラブの会員権には、預託金会員制、社団法人制、株主会員制などの種類があり、それぞれ性質が異なります。

■預託金会員制ゴルフ会員権の相続性

預託金会員制ゴルフクラブは、ゴルフ場施設の利用を希望する者が、ゴルフ場の経営に当たる会社に保証金を預託し、ゴルフ場施設利用者の団体であるゴルフクラブでの入会審査を経て入会し、会則等に従って施設を利用し、退会時に預託金の返還を受ける形態のものをいいます。

ゴルフクラブは、独立して権利義務の主体となるわけでなく、契約の主体はあくまでもゴルフ場経営会社です。

入会した会員は、ゴルフ場経営会社と契約を結び、ゴルフ場施設優先利用権、(一定期間経過後)退会時の預託金返還請求権などの権利を取得し、年会費納入義務を負います。

預託金会員制ゴルフ会員権が相続の対象になるかについては、相続否定説、相続肯定説、折衷説の3説があります。

(1) 相続否定説

相続否定説は、預託金会員制ゴルフクラブは親睦《しんぼく》団体としての性格があり、会員の人格や個性が重視されているところから、会員の地位は一身専属権であり相続の対象にならないというものです。この説に対しては、会員権が市場で売買され流通していることと符合しないという批判があります。

(2) 相続肯定説

相続肯定説は、ゴルフ会員権は債権契約の関係であり、会員の死亡時にはゴルフ場施設利用権が消滅する旨の会則規定がない限り、相続が認められるとしています。この説に対しては、相続人の中に会員としてふさわしくない者がいる場合には、クラブの運営に支障が出るのではないかなどの批判があります。

(3) 折衷説

折衷説は、ゴルフクラブ会員の地位を、①ゴルフクラブに入会して取得するゴルフクラブの会員たる地位と、②入会承認前の「ゴルフクラブ会員契約上の地位」の2つに分けて、①の地位の場合は、入会が承認されて初めて取得される一身専属の権利として相続は認められず、②の地位の場合は、譲渡など取引の対象となり相続が認められるとしています。

裁判例も、折衷説に立つものが多く、最高裁判所は、預託金会員制ゴルフクラブで、会則に正会員が死亡した場合にその地位がどうなるかについての規定はないが、正会員としての地位の譲渡に関する規定があるケースについて、相続人は、②の入会承認前の「ゴルフクラブ会員契約上の地位」を相続し、地位の譲渡の場合に準じて、理事会の承認を得る手続を経た上で、正会員としての地位を取得することができるとしています（最高裁判所・平成9年3月25日判決、判例タイムズ937号96頁）。

また、会則中に会員の死亡による資格喪失を定めた規定がある一方、相続に伴う名義変更手続に関する規定も置かれている場合には、一身専属的性格を有するゴルフ場施設利用権は喪失するが、入会承認を得ることを条件にクラブの会員となることのできる契約上の地位は消滅せず、相続の対象になるとしています（最高裁判所・平成9年12月16日判決、判例時報1629号53頁）。

高等裁判所の裁判例に、預託金会員組織のゴルフクラブの会員の地位は、原則として一身専属的なものではなく、死亡の場合は会員資格を失うとの会則の定めも、会員としての地位の相続性まで否定する趣旨のものと解することはできず、相続人は入会承認を経て会員となることができると解すべきであるとするものもあります（東京高等裁判所・平成3年2月4日判決、判例時報1384号51頁）。

なお、前記②の入会承認前の「ゴルフクラブ会員契約上の地位」を相続し、入会手続をしたが承認されなかった場合、相続人は預託金返還請求権、およびすでに発生した会費払込み義務を相続することになります。

■社団法人制ゴルフクラブ会員権の相続性

社団法人制ゴルフクラブは、ゴルフ場の経営と会員組織が一体化しており、会員が社団を構成し、社団自らがゴルフ場を経営するものをいいます。

この社団は、法人格を有するもの、有しないものの双方がありますが、いずれの社団も会員としての結びつきと信頼関係を基礎とするものですから、会員権は一身専属的であり、相続はされないものと解されます。もちろん、定款に相続による承継を認める特別の規定が置かれる場合もありますので、この場合は一定の手続を経た上で、相続が認められることもあります。

■株主会員制ゴルフクラブ会員権の相続性

株主会員制ゴルフクラブとは、ゴルフ場の経営に当たる会社と法人格を持たない団体であるゴルフクラブとが別組織として存在する形態です。ゴルフ場の経営に当たる会社の株主となることが入会の条件になります。会社の株式は相続の対象となりますが、株式を相続した人が会員資格を当然取得できるかは検討を要する問題です。

株式を承継した相続人は、預託金会員制のゴルフクラブの場合の折衷説と同様、ゴルフクラブの会員たる資格を取得する前提となる会員契約上の地位を相続により取得し、この地位に基づき入会の承認を得る手続をし、入会が認められて初めて会員となれると解するのが相当です。入会が承認されない場合や入会自体を希望しない場合は、株式を他に譲渡することができます。

■結論

ご質問のケースのゴルフクラブがどのような形態なのかはっきりしませんが、理事会の承認がないと相続承継できないというのですから、ゴルフ場経営会社との間の契約上の地位は相続することができます。そこで、その地位に基づき、理事会への承認を求める手続をすれば、ゴルフクラブの正会員になることができます。

■実務ポイント

ゴルフ会員権の相続が問題となった場合、まず、そのゴルフクラブの形態が、預託金会員制、社団法人制、株主会員制のいずれに該当するのかを調査し、次いで、その会則や定款が相続に関しどのような規定を置いているのかを調べるようアドバイスする必要があります。

相続を否定する規定がある場合でも、理事会の承認を前提として、相続による名義書換の手続が規定されていたり、会員権の譲渡が認められていたりする場合は、理事会の承認を得る手続をするなどして正会員としての地位を取得することができます。

第10選

遺産分割協議成立前の賃料収入の帰属

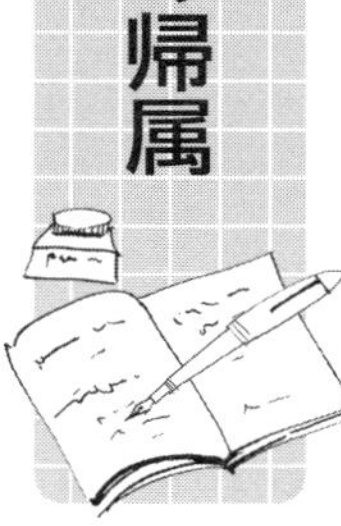

相談事例

亡母鈴木令子は、父の死後1人で居住していた戸建ての建物とその敷地を兄鈴木春信に、賃貸マンション2戸を私鈴木重朝に、それぞれ相続させるという遺言を残して亡くなりました。

ところが、兄春信は、戸建ての建物とその敷地は要らないから賃貸マンションをよこせと主張してきました。そこで約1年半の交渉の後、私は兄の希望を受け入れるべく、遺産分割協議に応じました。

しかし、ここで再び問題が発生しました。兄は、賃貸マンション2戸は相続開始時にさかのぼって自分のものになったのだから、私が保管している賃料全部もよこせと要求してきたのです。確かに私は、この間の賃料をすべて保管してきたので、兄の要求に応じられなくはありませんが、私は母の死後マンションの管理費も支払っています。果たして私は、理不尽とも思えるこの要求に応じなければならないのでしょうか。

解説

■「相続させる」遺言の効力

遺言による財産承継の方法としては、「相続させる」遺言と「遺贈する」遺言があります。前者は、「ある財産を相続人○○に相続させる」などと書かれた遺言のことであり、相続人に対してしか行えません。他方、後者は、「ある財産を○○に遺贈する」などと書かれた遺言のことであり、相続人以外の人にも行えます。

「相続させる」遺言は、１９７０年代前半頃から公正証書遺言で利用されるようになり、現在では自筆証書遺言（民法９６８条）にも利用されています。その性質については、遺贈と同じであるとする「遺贈説」、遺産分割方法の指定（民法９０８条）に該当し、遺言による財産承継の効力が生ずるのは、遺言に拘束される結果、遺言と同じ内容で遺産分割協議がまとまったときとする「遺産分割方法指定説」などがあり、裁判例も分かれていました。

そこで、最高裁判所は、相続させる遺言は、遺産分割方法を指定した遺言だが、遺言者の意思を合理的に解釈すると、遺産分割を必要とせず、遺言者死亡時に直ちに特定の相続人に対象財産を承継させる趣旨と解するのが相当であるとしました（最高裁判所・平成３年４月19日判決、最高裁判所民事判例集45巻４号４７７頁、判例時報１３８４号24頁）。

この判例の立場は、遺言により遺産の一部または全部について分割がなされたのと同様の承継関係を生じさせるところから「遺産分割効果説」と呼ばれています。

一方、遺贈は遺言による財産の無償譲渡をいいます。通常の贈与は贈与者と受贈者の間で締結される契約ですが、遺贈は遺言という相手方のない単独行為ですから、受遺者は、遺言者が死亡して遺言の効力が発生するまでは何らの権利も取得しません。

遺贈には、遺産の全部または割合で示された一部を一括して遺贈する「包括遺贈」と、特定の財産を遺贈する「特定遺贈」があります（民法964条）。包括遺贈の受遺者は、相続人と同一の権利義務を持つことになります（民法990条）。

「相続させる」遺言も遺贈も、遺言者の死亡と同時に対象財産の承継を生じさせます（これを「即時移転効」という）が、両者には次のような差異があります。

(1) 移転登記手続

「相続させる」遺言による相続登記は、財産を取得した相続人の単独申請が可能ですが、遺贈による権利取得の登記は、受遺者と相続人または遺言執行者との共同申請になります。

(2) 農地法上の許可

対象財産が農地の場合、「相続させる」遺言では権利の移転につき農地法3条の許可が不要ですが、遺贈では必要になります。

(3) 賃借権の移転と賃貸人の承諾

対象財産が借地権・借家権の場合、「相続させる」遺言では権利の移転につき賃貸人の承諾（民法612条）が不要ですが、遺贈では必要になります。

(4) 第三者に対する対抗要件

「相続させる」遺言による権利の移転は、登記がなくてもその権利を第三者に対抗することができますが（最高裁判所・平成14年6月10日判決、判例時報1791号59頁）、遺贈による権利取得を第三者に対抗するためには登記が必要になります（最高裁判所・昭和39年3月6日判決、最高裁判所民事判例集18巻3号437頁）。

(5) 不動産登記の際の登録免許税

以前は、「相続させる」遺言の場合は課税標準額の1000分の6、遺贈の場合は同1000分の25で、不動産登記の際の登録免許税は前者が軽減されていましたが、平成15年4月施行の改正登録免許税法により、相続人等に対しては、いずれも同一税率（平成18年4月1日以降は1000分の4）となっています。

■遺言と異なる遺産分割は可能か

遺言がなされてから年月が経過し、遺言内容が相続人の実情に合わなくなっていることがあります。また、ご質問のケースのように相続人が特定の財産の取得を希望しない場合もあります。そこで、裁判例は相続人全員の合意があることを前提に、遺言と異なる遺産分割協議をすることができるとしました（東京高等裁判所・平成11年2月17日判決、金融・商事判例1068号42頁、東京地方裁判所・平成13年6月28日判決、判例タイムズ1086号279頁）。

本ケースでは、結果として、質問者が遺言でいったん取得した賃貸マンションとそのお兄さんが取得した戸建て住宅を交換したことになりますが、相続人全員の合意があれば、遺言の存在にかかわらず、このような遺産分割は可能です。ただし、遺言で遺言執行者が指定されている場合は、遺言執行者の報酬請求権（民法1018条）がどうなるのかが問題になります。そこで、家庭裁判所では、遺言と異なる遺産分割の調停を成立させる場合、遺言執行者を利害関係人として参加させるか、あらかじめ調停の内容を知らせて同意を得るといった配慮をしているようです。

■遺産分割までに得られた賃料の帰属

相続開始前の賃料収入は遺産そのもので遺産分割の対象になります。これに対し、相続開始後の賃料収入は遺産そのものではありませんので、原則として遺産分割の対象になりません。ただし、相続人全員が遺産分割の対象とすることに合意したときは遺産と一緒に分割することができます（東京高等裁判所・昭和63年1月14日決定、家庭裁判月報40巻5号142頁）。

それでは、このような合意ができないとき、その帰属はどのように決められるのでしょうか。

賃料収入は遺産には属しませんが、遺産分割は相続開始時にさかのぼって効力を生ずるので（民法909条）、遺産分割の結果、その賃貸不動産を取得した相続人に帰属するという見解があります。しかし、最高裁判所は、相続開始後遺産分割までに生じた賃料収入は遺産とは別個であるとした上で、各共同相続人がその相続分に応じて分割単独債権として確定的に取得するものと解するのが相当であるとしました。そして、各相続人が相続分に応じて取得した賃料債権は、後に成立した遺産分割の影響を受けないものというべきであるとしました（最高裁判所・平成17年9月8日判決、最高裁判所民事判例集59巻7号1931頁）。

最高裁判所の判例によれば、ご質問の賃料収入は、相続人2人が平等に取得するため、質問者は2分の1だけをお兄さんに返還すればよいことになります。なお、遺産分割後の賃料はお兄さんが全額取得します。

■マンション管理費の負担者

相続開始後、遺産に関して生じた修繕費、賃借料、電気料金、火災保険料、マンション管理費など遺産管理費用は誰が負担するかという問題があります。

民法885条1項は、「相続財産に関する費用は、その財産の中から支弁する」と規定していますので、管理費用も相続財産の負担となり、実際には各相続人が持分に応じて負担することになります。質問者は、お兄さんに管理費の2分の1の支払を請求することができます。

なお、相続財産の管理費用も、相続人全員の合意があれば、遺産分割手続の中で清算することができます（広島高等裁判所松江支部・平成3年8月28日決定、家庭裁判月報44巻7号58頁）。

なお、遺産分割後のマンション管理費はお兄さんが全額負担します。

■結論

遺言と異なる内容の遺産分割をすることは、相続人全員の合意があれば可能です。相続開始後遺産分割までの遺産からの賃料収入は、判例によれば各相続人が相続分に応じて取得します。お兄さんには、賃料収入の2分の1を支払えばよいことになります。

■実務ポイント

相続人に財産を承継させたいときは、遺贈よりも「相続させる」遺言のほうが無難です。そして、相続人の生活状況などに変更があり、遺言が実情に合わなくなったときには、速やかに遺言を書き換えるようにアドバイスするとよいでしょう。

第3章

遺産分割に関する相談事例

第11選 遺産分割の実際

相談事例

父山内光一が先日亡くなり相続が開始しました。相続人は、私山内順一のほか、母の山内純子、兄の山内一郎、それに父が認知した婚外子の北川太郎の4人がいます。

父の遺産は8000万円あり、債務は1000万円です。さらに、父は、会社を共同経営していた中村好夫に1000万円を遺贈する旨の遺言を残していました。兄の一郎には、相続人全員の協議により定められた1000万円の寄与分があり、私、順一には500万円の生前贈与があります。

今回の父の相続に伴い、遺産分割をしようと思っていますが、各人の取得額はどのように計算すればよいでしょうか。

解説

■相続人の相続分の決定

相続人の具体的な相続分は、通常、次の順序で決定されることになります。

① まず、被相続人が、相続開始時に所有していた財産の額から寄与分の額を控除し、生前贈与など特別受益の額を加算します（これらの額は相続開始時の時価に換算されます）。そして、相続人以外の人に対する遺贈の額も控除します。

　相続人に対する遺贈があるときは、その対象財産は、相続開始時の遺産に含まれているため加算する必要はありません。ただし、その場合、後記③の受遺者相続人の具体的相続分から特別受益として控除しますが、受遺者相続人は、別途遺贈分として同額を取得することになります（民法９０３条１項）。

　相続開始時の財産から寄与分の額を控除し、特別受益の額を加算するなどして算定された額を「みなし相続財産」と呼びます。

② 次に、みなし相続財産の額に各相続人の有する法定相続分（被相続人が相続分を指定していたときは指定相続分）の割合を乗じて、各自の持つ相続分を算出します。これを「本来の相続分」といいます。

〔図表〕被相続人の関係図

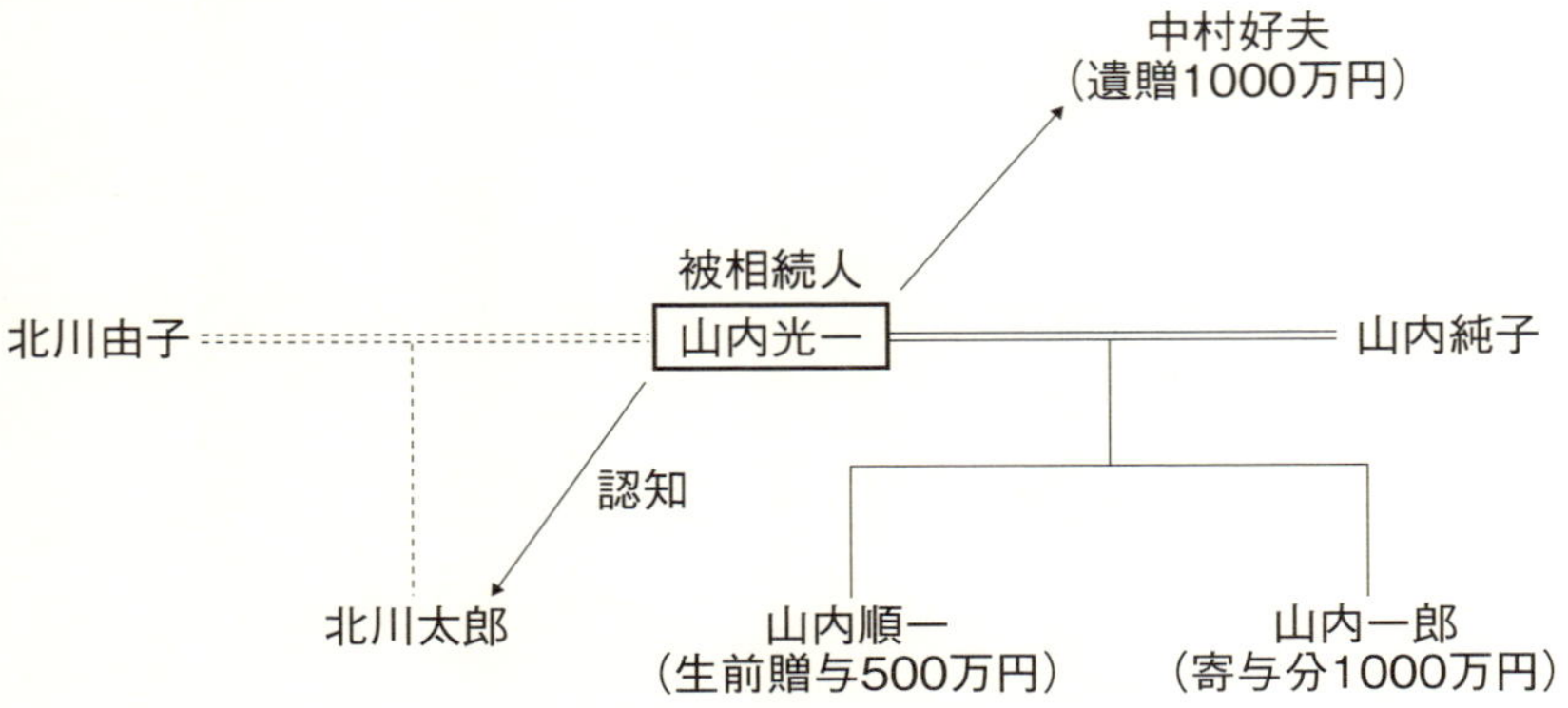

③　次いで、特別受益を受けた相続人については、前記②の本来の相続分から特別受益の額を控除します。生前贈与などの特別受益は、遺産の前渡しとみなされるために、控除するというわけです。遺贈も特別受益に当たりますので、この段階で控除されます。また、寄与分のある相続人については、本来の相続分に寄与分の額を加算します。これらの結果を、各相続人の「具体的相続分」と呼びます。なお、遺贈を受けた人は、別途遺贈の額を取得します。

ところで、相続開始と遺産分割時との間に時間的間隔があって、遺産の価額が異なってしまった場合には、各自の相続分を具体的相続分の総計で除して各自の具体的相続分率を算出し、その率を分割時の遺産の価額に乗じて各人の取得分を算出します。

■みなし相続財産

ご質問のケースについて、みなし相続財産を計算してみましょう。

父の光一さんの遺産8000万円に、質問者である順一さんの特別受益500万円を加算し、一郎さんの寄与分1000万円、中村さんへの遺贈分1000万円を控除します。みなし相続財産の額は、次の計算により6500万円となります。

8000万円＋500万円－1000万円－1000万円＝6500万円

■本来の相続分

みなし相続財産に、各相続人の法定相続分を乗じて、本来の相続分を算出します。

婚外子である北川さんの相続分は、従来、結婚した夫婦間に生まれた婚内子（嫡出子）の半分とされてきましたが、最近の最高裁判所の決定において、「婚外子を差別する民法の規定は法の下の平等を定めた憲法に違反する」とされた（最高裁判所・平成25年9月4日決定、判例時報2197号10頁）こともあり、一郎さんや順一さんと同じ比率となります。

なお、この違憲判決の効力は、法的安定性確保の観点から、すでに協議や調停、審判等で決着済みの遺産分割等事案については及ばないとされました。

ご質問のケースで本来の相続分を計算すると、次のとおりとなります。

純子さん：6500万円×1／2＝3250万円
一郎さん：6500万円×1／2×1／3＝約1083万円
順一さん：6500万円×1／2×1／3＝約1083万円
北川さん：6500万円×1／2×1／3＝約1083万円

■具体的相続分

本来の相続分が算出されましたので、一郎さんには寄与分1000万円を加算し、順一さんについては特別受益500万円を控除します。

各相続人の具体的相続分は、次のとおりです。

純子さん：3250万円
一郎さん：約1083万円＋1000万円＝約2083万円
順一さん：約1083万円－500万円＝約583万円
北川さん：約1083万円

このほか、相続人でない受遺者中村さんは、遺贈された1000万円を取得します。

■金銭債務の相続

可分の金銭債務は、相続開始と同時に、当然に分割され、各相続人が法定相続分により負担することになります（最高裁判所・昭和34年6月19日判決、最高裁判所民事判例集13巻6号757頁）。

したがって、金銭債務は、遺産分割の対象とはなりません。遺産分割協議の際に、金銭債務の負担者を決めることはできますが、これは、内部的な取決めにすぎず、債権者が認めない限り債権者に対する効力はありません。

■遺産分割の方法

実際の遺産分割は、「遺産に属する物又は権利の種類及び性質、各相続人の年齢、職業、心身の状態及び生活の状況その他一切の事情を考慮して行う」ことになっています（民法９０６条）。

遺産分割の方法には、主に次の３種類があります。

(1) 現物分割

遺産を現物によって分割する方法です。

遺産の内容が、分割しやすいある程度の面積のある土地であったり、金融資産、現金などであったりする場合が適するでしょう。

(2) 代償金分割

遺産を特定の相続人に帰属させ、その相続人が他の相続人に対し、自分の具体的相続分を超過した額を金銭で支払う債務を負担する方法です。

居住用不動産が唯一の財産で、分割することが不可能であったり、農地や営業用不動産で分割が不適当な場合に用いられる分割方法です。

(3) 換価分割

遺産を売却し、換価代金を分割します。現物取得を誰も希望しない場合や代償金分割が相当な事案ですが、相続人の資力が十分でなく、代償金が払えないときなどに用いられます。

■結論

各相続人の最終的な取得分は、前記の「具体的相続分」から、相続する債務の額を控除した金額になります。相続債務1000万円は、特別の事情がない限り、各相続人が法定相続分に従って承継することになります。純子さん500万円、一郎さん、順一さん、北川さんはそれぞれ約166.6万円を負担します。

■実務ポイント

遺産分割をするには、前提の問題として、まず、遺言の有無を調査します。次いで、相続人の範囲、遺産の範囲を確定することが大切です。寄与分や特別受益について各相続人の意見を聞き、その存否や金額について合意ができるよう資料などを集め、協議を行います。

そして、相続人の具体的相続分が算出された段階で、「遺産分割の方法」のうち、最も適当なものを選び、財産の分配について協議します。

最後に、合意ができましたら、遺産分割協議書を作成します。遺産分割協議書の作成について第14選をご覧ください。

第12選 遺産分割と相続人の寄与分

相談事例

父立花一夫は、妻に先立たれた後、18年間にわたり二男である私立花和也の家族と同居し生活しておりましたが、このたび、心不全により死去しました。父は12年前に脳梗塞《こうそく》で倒れ、身の回りのことをするのもかなり不自由な状態となりました。最後の5年間は、認知症も発症し、夜間も目を離せない状態でした。

父は、生前に遺言書を作っていなかったため、私と、兄である長男および妹である長女の3人で遺産分割をすることになりましたが、兄と妹は3分の1ずつ均等に分けることを主張しています。父の生前、私だけでなく私の妻も介護に努めてきたので、妻の貢献分も含め、多めに遺産をもらうことはできないでしょうか。

解説

■寄与分の制度

ご質問のケースは、相続人の寄与分が問題になる事例です。

寄与分とは、相続人間の公平を保つために、「相続財産の維持または増加に特別の寄与をした」相続人に相応の補償をする制度です。まず、相続人が、被相続人の相続財産の維持・増加にどの程度寄与したかを考慮し、寄与分の額または割合を算定します。

そして、遺産分割に際し、相続財産の総額から、算定した寄与分の額または割合を控除した額を分割対象の財産とみなし、各人の相続分で分割します。

最後に、寄与をした相続人に対しては、算定した相続分に、寄与分を加えた額をもってその相続人の相続分とします（民法９０４条の２）。

■寄与行為の類型

寄与行為の類型には、①家業従事型、②金銭出資型、③療養看護型、④扶養型、⑤財産管理型、⑥これら類型の複合型などがあります。

ご質問のケースは、このうちの「③療養看護型」の寄与が問題になるケースです。

■寄与分を決める手続

寄与分の額または割合は、まず、相続人間の協議で定めることができます。協議が調わないときは、家事調停を行い、調停が不成立のときは家庭裁判所の審判で決まります（民法９０４条の2第1項および2項、家事事件手続法別表二の14項）。

■寄与分の要件

寄与分が認められるためには、次のような要件を満たす必要があります。

（1）相続人自らの寄与であること

寄与分は、遺産分割に際して、相続人の具体的な相続分を算定するための修正要素です。そこで、寄与分が認められるのは相続人に限られることになります。しかし、相続人の配偶者や子が、相続人の手足となって寄与行為を行っていた場合、これを無視することは相当でないので、その相続人の寄与分として評価することができます。

（2）特別の寄与であること

被相続人と相続人の身分関係から、通常期待されるような程度を超える「特別の寄与」であることが必要です。

夫婦間の協力扶助義務（民法752条）、親族間の扶養義務・互助義務（民法877条1項）の範囲内の通常期待される程度の貢献は、「特別の寄与」には当たりません。

(3) 寄与行為により被相続人の財産が維持されまたは増加したこと

相続人の寄与により財産の減少が阻止され、または増加したことが必要です。財産の維持、増加を伴わない単なる精神的な支援・協力は寄与に該当しません。

また、相続人の寄与行為によって、財産が現に維持され、増加していることが必要です。相続人の寄与があった後、被相続人が事業に失敗するなどして財産を失ってしまった場合、原則として寄与分は認められません。

(4) 寄与行為に対し、対価が支払われていないこと

相続人の寄与行為に対し、行為に対応する賃金が支払われていたり、生前贈与や遺贈がなされている場合には、寄与分は認められません。

もっとも、寄与の額が支払われた賃金、生前贈与等の額を超える場合には、超過部分について寄与分が認められます。

（5）被相続人生前の寄与であること

寄与の終期は、相続開始までと解されています。相続開始後の寄与は、寄与分として認めることはできません（東京高等裁判所・昭和57年3月16日決定、家庭裁判月報35巻7号55頁）。

■療養看護型寄与分の具体的要件

療養看護型の寄与分が認められる具体的な要件としては、前記の要件に加え、①被相続人が療養看護を要する状態にあり、近親者による療養看護が必要であったこと、②療養看護が相当長期間に及んでいること、③療養看護の内容がかなりの負担を要するもので、片手間の仕事ではなかったことなどが考慮されます。

配偶者を療養看護した場合は、通常は夫婦間の協力扶助義務（民法752条）の範囲に含まれますから、看護期間、看護内容などが通常の看護の程度を超えていることが必要です。

■療養看護型寄与分の算定

寄与分の算定は、実際の療養看護をした場合、療養看護を他人に依頼しその費用を負担した場合のそれぞれについて次のように行われます。

実際に療養看護をした場合は、付添看護人の報酬相当額（日額）に看護日数を乗じた金額に、裁量的割合を乗じて算定します。

この場合における報酬相当額は、介護保険制度の施行（平成12年４月）以前の委託看護については家政婦報酬、入院付き添いについては民事交通事故訴訟における近親者付添費が基準とされます。介護保険制度が施行された後の寄与については、介護保険における介護報酬基準が用いられることが多くなっています。また、裁量的割合とは、そのケースの諸事情を考慮し、公平の立場から算定された金額の全額を認めるのが相当でない場合の調整割合をいいます。

一方、療養看護を他人に依頼し、その費用を支払っていた場合は、原則として負担した費用の全額が寄与分となります。

■療養看護型の寄与分に関する裁判例

療養看護型の寄与分を認めた裁判例に、次のようなものがあります。

①　被相続人の認知症が進行してから死亡するまでの10年間、常に付き添って療養看護に尽くした相続人に対し、同居の親族の扶養義務をはるかに超えるものがあるというべきであるとして、療養看護の期間の前半の６年間については付添婦の賃金の基本料金、後半の４年間については付添婦の基本料金に時間外手当を加えた金額を算出し、合計額の60％に当たる１１８２万６０００円を寄与分として認めた事例（盛岡家庭裁判所・昭和61年４月11日審判、家庭裁判月報38巻12号71頁）。

②　２年半にわたって被相続人を引き取り、高齢のため次第に衰弱し、入退院を繰り返すように

なった被相続人の日常の世話はもとより入退院時の付き添いなど療養看護に努めた被相続人の長女について300万円の寄与分を認めた一方、二男の療養看護に基づく寄与分の主張については、療養看護の事実は認められるが、被相続人の父の相続の際に、二男が被相続人の扶養を行うことを条件に長女らよりも多く共有持分を取得していることを理由に特別の寄与と認めなかった事例（広島高等裁判所・平成6年3月8日決定、家庭裁判月報47巻2号151頁）。

③ 被相続人が高血圧症、心臓病の悪化により寝たきりとなり、長男の妻が、排泄《はいせつ》の世話を始め、ほとんど付きっきりで献身的に付添看護をしたことは、通常の扶助の範囲を超えており、特別の寄与と認めるべきであるところ、長男の妻の寄与は相続人である長男の補助者ないし代行者としてなされたものであるから長男の寄与として考慮すべきであるとして、死亡直前の6カ月は月額9万円、それ以前の22カ月間は月額3万円が通常の扶助を超える部分の評価になるとし、相続財産約851万円に対し、120万円を寄与分として認めた事例（神戸家庭裁判所豊岡支部・平成4年12月28日審判、家庭裁判月報46巻7号57頁）。

一方、寄与分を認めず、申立てを却下した裁判例としては次のようなものがあります。

④ 寄与分の申立てをした被相続人の二女の療養看護につき、同人が他の相続人（姉妹）と比較して、法定相続分による配分の割合を大幅に変更しなければ相続人間の公平に反し、正義に反するような特別の寄与をなしたといえるほどの事実は認められないとし申立てを却下した事例（東京家庭裁判所八王子支部・平成5年7月15日審判、家庭裁判月報47巻8号52頁）。

■結論

質問者には、妻の貢献分も含めて寄与分が認められる可能性があります。そして、療養看護の実情を他の相続人によく説明し、寄与分の額について話し合う必要があります。話し合いができないときは、家庭裁判所に寄与分を定める調停を申し立てるとよいでしょう。

遺産分割についても話し合いが困難なときは、裁判所から遺産分割の調停申立てを促されることがあります。

■実務ポイント

寄与分が認められるのは、「特別の寄与」があった場合ですから、相続人に誤解があるときは、よく説明する必要があります。また、寄与分の主張をする場合は、寄与の類型を意識しながら、適切な証拠資料を集めるようアドバイスしましょう。

なお、寄与の各分類に応じた算定基準を示すと、次の〔図表〕のとおりとなります（司法研修所編「遺産分割事件の処理を巡る諸問題」280頁以下から引用）。これらは一応の基準で、裁判所の認定は、どちらかというと厳しいものであることを知っておくとよいでしょう。

〔図表〕各類型に応じた寄与分算定基準

① 被相続人の事業に関する労務の提供

ア 従業員型、家業従事型

寄与分額＝寄与相続人の受けるべき相続開始時の年間給与額
×（1－生活費控除割合）×寄与年数

イ 共同経営型

寄与分額＝（通常得べかりし報酬＋利益配分）－現実に得た給付

② 被相続人の事業に関する財産上の給付

ア 不動産取得のための金銭増与の場合

寄与分額＝相続開始時の不動産価額
×（相続人の出資金額÷取得当時の不動産価額）

イ 不動産の贈与の場合

寄与分額＝相続開始時の不動産価額×裁量的割合

ウ 不動産の使用貸借の場合

寄与分額＝相続開始時の賃料相当額×使用年数×裁量的割合

エ 金銭贈与の場合

寄与分額＝贈与当時の金額×貨幣価値変動率×裁量的割合

③ 被相続人に対する療養看護

ア 実際の療養看護の場合

寄与分額＝付添婦の日当額×療養看護日数×裁量的割合

イ 費用負担の場合

寄与分額＝負担費用額

④ その他の方法

ア 被相続人の事業に関しない労務の提供

〈妻が通常の家事労働を超える労働をした場合〉

寄与分額＝寄与相続人が受けるべき年間給与額
×{（1－通常の家事割合）－（1－生活費控除割合）}×寄与年数

〈財産管理の場合〉

寄与分額＝第三者に管理を依頼した場合の報酬額×裁量的割合

〈不動産売却に無報酬で尽力した場合〉

寄与分額＝不動産業者に売却を依頼した場合の手数料×裁量的割合

イ 扶養

〈現実の引取り扶養の場合〉

寄与分額＝「現実に負担した額」または「生活保護基準による額」
×期間×（1－寄与相続人の法定相続分割合）

〈扶養料の負担の割合〉

寄与分額＝負担扶養料×期間×（1－寄与相続人の法定相続分割合）

※裁量的割合とは、そのケースの諸事情を考慮し、公平の立場から全額を認めるのが相当でない場合の調整割合をいう。

第13選 遺産分割と相続人の特別受益

相談事例

私の父川田浩一が亡くなり、相続が開始しました。相続人は、母の川田春子、兄の川田剛、姉の鈴木和恵、私、そして妹の川田文子の５人です。

遺産分割の協議を進めていますが、兄の剛は当時の大学進学の際に父から教育資金として約１０００万円の援助を受け、姉の和恵は結婚に際し持参金５００万円をもらい、妹の文子は12年間にわたり父所有のマンションに無償で１人住まいをしています。私は、何もしてもらっておりませんが、兄達の受けた利益は、遺産分割上、考慮されないのでしょうか。

解説

■特別受益の制度

ご質問は、相続人の特別受益が問題となるケースです。

民法903条は、共同相続人の中に、被相続人から「遺贈を受け、又は婚姻若しくは養子縁組のため若しくは生計の資本として贈与を受けた者」がいるときは、相続財産の価額にその贈与等の価額を加えたものを相続財産とみなし、これを各相続人の相続分割合に従って分割した相続分を算出し、遺贈や贈与を受けた相続人については、算出された相続分から遺贈または贈与の価額を控除した残額を、その者の最終相続分とすると規定しています。

これを、特別受益の制度といい、被相続人から、一部の相続人が、生前に贈与を受けたり、遺言で遺贈を受けたりしている場合、遺産分割に際し、これらを考慮しないと不公平となるので、遺産の前渡しとみる制度です。特別受益は、寄与分と同様に法定の相続分を修正する要素ということができます。

■持戻し免除の意思表示

相続財産の価額に、生前贈与などの価額を加えることを、贈与などの「持戻し」といいます。

持戻しは、計算上持ち戻すだけで、贈与された財産が遺産分割の対象になるわけではありません。

ところで、被相続人は、生前贈与や遺贈に際し、遺留分に関する規定に違反しない範囲内で、その贈与などを持戻しさせない意思表示をすることができます（民法903条3項）。これを「持戻し免除の意思表示」といいます。なお、遺留分に関する規定に違反する持戻し免除の意思表示であっても、当然に無効となるものではなく、遺留分を侵害された相続人から減殺請求を受けた場合にのみ、侵害部分が無効になります（民法1031条）。

この意思表示は、贈与などと同時にしなくても構いません。また、明示の意思表示がない場合でも、疑いを生じない程度に明確であれば、認められる場合があります。

■持戻し財産の評価

持戻しの対象になる財産の評価基準時については、相続開始時説と遺産分割時説の両説がありますが、最高裁判所は、相続開始時説を採用しています（最高裁判所・昭和51年3月18日判決、判例時報811号50頁）。

例えば、土地の贈与の場合、相続開始時の価額で評価し、金銭の贈与の場合は、相続開始時の貨幣価値に換算することになります。贈与された財産を他に転売したり、費消してしまっても、現存するものとして評価します（民法904条）。

■特別受益となる贈与

①婚姻または養子縁組に際しての贈与

婚姻や養子縁組に際しての「持参金」、その他の贈与は特別受益に当たります。その価額が少額で、被相続人の資産状況、生活状況に照らして扶養義務の履行とみられる場合は、特別受益に該当しません。また、共同相続人の全員に同程度の贈与があったときは、被相続人の持戻し免除の意思表示があったとみて、持戻しはしない扱いになります。

②学資等

高等教育を受けるための学資も特別受益になります。共同相続人全員が同程度の学資を得ているときは、持戻し免除の意思表示があったものと考えられます。

③不動産の贈与

不動産の贈与は、原則として生計の資本としての贈与と認められますので、特別受益に該当します。

④金銭、動産、債権、有価証券の贈与

これらの財産についてなされた相当額の贈与は、原則として特別受益に該当します。ただし、少額の小遣い銭程度の金銭の贈与は、特別受益に該当しません。

⑤借地権の承継

被相続人の生前に、被相続人名義の借地権を承継した場合も特別受益になります。

被相続人名義の借地契約を解除し、相続人が新契約を結んでいる場合も、実質的にみれば特別受益に当たります。借地権の承継の場合、その経済価値は、更地価格に借地権割合を乗じて算出します。

⑥遺産の無償使用による利益

相続人が、被相続人の所有地上に建物を建てさせてもらい、土地を無償使用している場合、相続人が利益を得ている半面、被相続人の土地所有権は制限を受けているとみられますので、土地使用料相当額が特別受益になります。この場合の土地使用料は、通常、更地価格の1割から3割までの間で決められているようです。

相続人が、被相続人所有地の上に建物を建て、その建物で被相続人と同居し、その面倒を見ているような場合は、原則として特別受益は認められません。持戻し免除の意思表示があったとみてもよいでしょう。

建物の無償使用は、相続人が単独で住まわせてもらっていた場合は、使用料相当額が特別受益になります。相続人が、単独ではなく被相続人と同居している場合は、特別受益にはなりません。相続人に家賃の支払を免れた利益はありますが、被相続人の財産には見るべき価値の減少がないからです。

⑦死亡保険金

生命保険契約が貯蓄的要素を持つ場合、特別受益になると考えやすいのですが、受取人の生活保障的要素を持つ場合は、持戻し免除の意思表示ありと考える余地も十分あります。

死亡保険金については、特別受益肯定説・否定説がありましたが、最高裁判所は、養老保険契約に基づく保険金につき、受取人である相続人が固有の権利として取得するもので、遺贈や贈与に当たらないが、保険料を被相続人が負担していることを考慮すると、保険金を受け取った相続人とその他の相続人との間に生ずる不公平が、民法903条の趣旨に照らし到底是認することができないほどに著しいものであると評価すべき特段の事情がある場合は、同条の類推適用により、特別受益に準じて持戻しの対象となるとし、原則否定説に立つことを明らかにしました（最高裁判所・平成16年10月29日決定、最高裁判所民事判例集58巻7号1979頁、判例時報1884号41頁）。

■特別受益者の範囲

(1)被代襲者に対する生前贈与等

相続人になるはずであった被相続人の子または兄弟姉妹が、相続開始前に死亡し、または相続欠格に該当して相続権を失うと、その者の子が繰り上がって相続権を取得します。これを「代襲相続」といいます（民法887条2項、3項）。

相続権を失った被代襲者に特別受益があったとき、代襲者の特別受益として考慮されます。

(2)代襲者に対する生前贈与等

代襲者に対し生前贈与があったとき、代襲する原因が生じた前後により、結論が異なります。代襲相続の原因が生じた後の生前贈与であれば、特別受益になるとするのが通説です。

(3)相続人の配偶者その他の親族に対する生前贈与等

持戻しの対象となるのは、共同相続人に対する贈与だけです。

ただし、贈与された物の価値、性質、相続人が受けている利益などを考慮し、真実は相続人に対する贈与で、配偶者や子の名義を借りただけと認められる場合は、特別受益になります（福島家庭裁判所白河支部・昭和55年5月24日審判、家庭裁判月報33巻4号75頁）。

■超過特別受益者

本来の相続分より高額の贈与を受けた相続人を超過特別受益者といいます。

本来の相続分から贈与の額を控除するとマイナスになりますが、この相続人は、遺産をもらえないだけで、特別受益の超過分を返還したり、支払ったりする必要はありません。

ただし、その贈与が他の相続人の遺留分を侵害しているときは、遺留分減殺請求権を受けることがあります（民法１０２８条）。

■結論

これまで、説明してきましたように、質問者の兄に対する学資の援助、姉に対する持参金の贈与、妹に対するマンション無償使用の許容のいずれも特別受益になり、持戻し免除の意思表示を推測する事情もありません。

遺産分割の協議に当たっては、特別受益の主張をされるとよいでしょう。

■実務ポイント

他の相続人の特別受益の存在を主張する者は、①贈与等の存在、②その贈与が、婚姻または養子縁組のためもしくは生計の資本としてなされたことを証明する必要があります。贈与を受けた相続人が協力的でないと証明は困難です。

贈与を受けた相続人が非協力のため、その額が明らかにならない場合であっても、公表されている資料から贈与の額を算定できる場合は、非協力を理由に特別受益を算定しないのは相当でないとする裁判例（札幌高等裁判所・平成14年4月26日決定、家庭裁判月報54巻10号54頁）があることを示すなどして、協力を求める必要があります。

第14選 遺産分割協議書の作り方

相談事例

父横山一郎が亡くなりましたので、遺産分割協議をしたいと思っております。相続人は、母横山正子、長男である私横山芳郎、長女鈴木春子、二男横山憲一の4人です。父一郎は、自宅兼貸家の土地・建物、マンション、預貯金、株式、ゴルフ会員権等の財産を残しました。また、銀行からの借入れもあります。

弟の横山憲一は、事業に失敗し、父から法定相続分を超える多額の資金提供を受けて借金の返済に充てました。それにもかかわらず遺産取得を希望し、自宅兼貸家の土地・建物に共同相続人の法定相続分に応じた共同相続登記をしてしまいました。弟の遺産取得の希望は認められますか。また、遺産分割はどのように進めればよいでしょうか。

解説

■遺産分割の手続

相続人が2人以上いる場合、遺産は相続人間の共有になり、最終的な帰属は遺産分割の手続によって決まります。

遺産の分割は、相続人間の協議によってなされるのが原則です。協議ができないときは、相手方（複数いるときはそのうちの1人）の住所地または当事者が合意で定めた地を管轄する家庭裁判所に遺産分割調停の申立てをします（家事事件手続法245条1項、255条）。調停によっても合意ができないときは、家庭裁判所が審判により分割をします。

相続人間の協議は、相続人全員が参加しなくてはなりません。協議を相続人以外の代理人に委任する場合、代理人は他の相続人の代理人を兼ねることはできません。また、一部の相続人が参加しないでなされた遺産分割は無効です。相続人の中に生死不明、所在不明の人がいる場合、家庭裁判所に不在者財産管理人（民法25条）を選任してもらい、その管理人が参加します。

■遺産分割の対象財産

分割の対象は、被相続人の一身専属権を除く財産で、土地・建物、現金、預貯金、債権、株式、有価証券、借地・借家権、ゴルフ会員権、特許権・著作権、宝石、絵画など様々です。

可分の債権は、相続開始と同時に、当然に法定相続分に従って各相続人に分割承継されるとするのが判例（最高裁判所・昭和29年4月8日判決、最高裁判所民事判例集8巻4号819頁）ですが、相続人全員の明示または黙示の合意があれば分割の対象とすることができます（福岡高等裁判所・平成8年8月20日決定、判例時報1596号69頁）。一方、可分の相続債務は、相続により法律上当然に分割され、各共同相続人が相続分に応じて承継するため、遺産分割の対象外です（最高裁判所・昭和34年6月19日判決、最高裁判所民事判例集13巻6号757頁）。

■遺産分割の基準

遺産分割の基準となるのは、①基本原則である法定相続分（民法900条）ですが、遺言による相続分の指定がある場合はそれによります（民法902条・指定相続分）。②相続人の中に被相続人から生前贈与や遺贈を受けている特別受益者や遺産の維持・増加に「特別の寄与」をした寄与相続人がいる場合には、法定相続分を修正する必要が生じます。そこで、被相続人死亡時の財産の額に特別受益の額を加え、寄与分の額を控除した「みなし相続財産」を算出します。③次に、みなし相続財産の額に各相続人の法定相続分（または指定相続分）の率を乗じ、各相続人の相続分額を算定します。これを「本来の相続分」といいます。④そして、特別受益を受けた相続人に対しては本来の相続分から特別受益の額を控除し、寄与相続人に対しては寄与分の額を加算します。これが各相続人の「具体的な相続分」の額になります。

本ケースでは、弟さんには法定相続分を超える特別受益があるため、他の相続人が認めない限り、相続分はなしということになります。計算根拠を示して説得するとよいでしょう。

■遺産分割協議書の作り方

(1) 各相続人の取得財産の決定〔図表〕作成例・第1条、第2条、第4条、第5条)

各相続人の取得する財産を決めます。協議による分割ですから、前記の遺産分割の基準に拘束される必要はなく、一応の基準として参考にし自由に決めることができます。

遺産を取得しない人がいる場合、「相続人○○○○は、遺産を取得しない」という条項を入れておけばよいでしょう。ただし、この相続人は相続放棄(民法915条、938条、939条)をしたわけではなく、法定相続分に応じた債務の相続があるかも知れませんので、その点には注意が必要です。

(2) 移転登記協力義務を定める条項(第3条)

共同相続人のうちの1人は、遺産の不動産につき、民法252条ただし書に規定する共有物の保存行為として、相続人全員のための相続登記の申請ができます。この登記がなされている場合、遺産分割協議でその不動産を取得した相続人は、他の共同相続人の共有持分についての移転登記を他の共同相続人と共同して申請しなければなりません。そこで、共同申請の協力義務を明示しておくとよいでしょう。

(3) 代償金支払の約束（第4条）

相続分より多く遺産を取得した相続人が、他の相続人に超過分を代償金として支払う分割方法を代償金分割といいます。長女は代償金のみを取得し、他の遺産は取得しません。

(4) 債務の内部的負担者の決定（第6条）

可分債務は遺産分割の対象ではありませんが、遺産分割協議に当たり、債務の内部的負担者を決めることができます。ただし、債権者に対してはその同意がない限り効力がありません。

(5) 相続人の署名押印（第7条）

協議書の末尾に相続人全員が署名押印をします。押印は実印で行い、印鑑証明書を揃えておきます。

■結論

〔図表〕に例示したような遺産分割協議書を作ることになります。弟さん(二男)の遺産取得は、他の相続人が認めない限り無理でしょう。

■実務ポイント

複数相続人が遺産を共有取得する分割もあります。しかし、共有は相続人間の関係が良好であることが前提です。各相続人が取得する財産は他と区別できるよう明確に記載し、不動産は登記簿謄本をみて正確に記載します。また、各条項に表れない細々とした遺産の帰属を決めておくことも大切です（第5条）。分割は相続税にも影響するため、事前に税理士等の専門家に相談をしておくとよいでしょう。

〔図表〕相談事例における遺産分割協議書の作成例

遺産分割協議書

被相続人横山一郎（平成○○年○月○日死亡）の共同相続人である妻横山正子、長男横山芳郎、長女鈴木春子、二男横山憲一の四名は、被相続人の遺産の分割について、次のとおり合意した。

第１条　妻横山正子は、次の不動産及び預金を取得する。

１　区分所有建物及び敷地権

（１）１棟の建物の表示
所　　在　　東京都○○区○○一丁目２番３号
建物の番号　○○マンション
構　　造　　鉄筋コンクリート造陸屋根35階建

（２）敷地権の目的たる土地の表示
（略）

（３）専有部分の建物の表示
家屋番号　　○○番
建物の番号　3001号
種　　類　　居宅
構　　造　　鉄筋コンクリート１階建
床 面 積　　30階部分　85.00平方メートル

（４）敷地権の表示
（略）

２　預金
○○銀行○○支店　定期預金　口座番号　1234567
○○銀行○○支店　普通預金　口座番号　2345678

第２条　長男横山芳郎は、次の不動産、株式、ゴルフ会員権を取得する。

１　土地・建物
所　　在　　東京都○○区○○二丁目
地　　番　　３番４号
地　　目　　宅地
地　　積　　○○○．○○平方メートル
所　　在　　東京都○○区○○二丁目２番３号
家屋番号　　○○番
種　　類　　共同住宅
構　　造　　鉄筋コンクリート陸屋根造３階建
床 面 積　　１階　○○○．○○平方メートル
　　　　　　２階　○○○．○○平方メートル
　　　　　　３階　○○○．○○平方メートル

２　株式
○○電力株式会社の株式全部
株式会社○○建設の株式全部

３　ゴルフ会員権
○○カントリークラブ正会員権

第３条　長男横山芳郎に対し、妻横山正子は前条１記載の土地・建物の持分２分の１、長女鈴木春子、二男横山憲一は同土地・建物の持分各６分の１につき、本日付け遺産分割を原因とする持分全部移転登記手続をなすことにつき協力をする。

第４条　長男横山芳郎は、長女鈴木春子に対し、第２条の遺産を取得することの代償として○○○万円の支払義務があることを認め、これを平成○○年○月○日限り、長女鈴木春子の指定する銀行口座に送金して支払う。送金手数料は、長男横山芳郎の負担とする。

第５条　長男横山芳郎は、第１条、第２条に記載した遺産以外のその余の遺産を取得する。

第６条　被相続人の○○銀行○○支店に対する債務○○○万円は、長男横山芳郎が全額を負担して弁済し、その余の相続人にはこれを負担させない。

第７条　二男横山憲一は、特別受益者の相続分算定の結果、本遺産分割では遺産を取得しないことを承認する。

上記の協議の成立を証するため、この協議書４通を作成し、相続人各自が署名押印し、各自１通を保有する。

平成○○年○月○日

東京都○○区○○一丁目２番３号
横　山　正　子　㊞
東京都○○区○○二丁目３番４号
横　山　芳　郎　㊞
神奈川県○○市○○区○○町１番地２
鈴　木　春　子　㊞
東京都○○区○○三丁目４番５号
横　山　憲　一　㊞

第15選 遺産分割協議の解除の可否

相談事例

父斉藤修三が亡くなりました。母は早くに他界しており、相続人は、長女である私木村陽子、長男の斉藤隆、二男の斉藤明、三男の斉藤俊一の4名です。父の相続財産は、居住家屋と敷地の土地、預貯金、株式でした。

父の相続に伴い、遺産分割協議に従って、家屋と土地を長男の隆が取得し、二男の明と三男の俊一は、相続分に相当する預貯金と株式を取得しました。長男の家屋と土地の取得については、その額が相続分を超えてしまうので、長女である私に代償金として1200万円を支払うという約束が遺産分割協議書に記載されました。ところが、長男の隆は、遺産分割協議が成立して2年近く経つのに、いまだ言を左右にして代償金の支払をしません。

この際、遺産分割協議をなかったことにして、改めて分割協議をしたいと思っています。遺産分割協議をなかったことにすることは可能でしょうか。

解説

■債務不履行と契約の解除

今回のご質問は、相続人の１人が遺産分割協議に際して定めた債務を履行しない場合に、債権者たる相続人が、すでに成立している遺産分割協議を解除できるかという問題です。

一般の契約、例えば売買契約で買主が売買代金を支払わない場合、売主は民法５４１条の規定に従い、相当の期間を定めて支払を催告した上で、その期間内に履行されないときは、債務不履行を理由に契約を解除することができます。

契約が解除されると、その契約は最初からなかったことになり、売主は買主から売買の対象となった物を取り戻したり、解除により発生した損害の賠償を請求することができます。

ところが、遺産分割協議は、多数の相続人の間で行われることが多いので、相続人の１人が一部相続人の契約不履行を理由に協議の解除ができるかという問題が生じました。

■遺産分割協議の解除の可否

次のようなケースについて、最高裁判所の判決があります。

染色業を営んでいたＡが亡くなり、その妻Ｂと長男、長女、二女、二男、三男が、多数の土地、建物（工場を含む）を相続しました。

遺産分割協議の結果、長男が法定相続分より評価額の高い甲、乙土地2筆（合計1300平方メートル）と建物3棟（工場・倉庫）を取得して家業を継ぎ、妻Bや二男、三男は法定相続分に近い分割を受けましたが、長女、二女は、遺産を取得しないことになりました。

この遺産分割に際し、長男は他の相続人に対し、①二男、三男と仲良く交際する、②長男として今後は母Bと同居する、③母Bを扶養し、Bにふさわしい老後を送れるように最善の努力をする、④先祖の祭祀を承継し祭事を誠実に行うといった4項目を口頭で約束しました。

長男は、遺産分割後、母Bの相続した建物（母屋）に妻とともに移り、Bと同居しましたが、間もなく長男とBが感情的に対立し、長男がBを殴打して傷害を負わせたほか、4項目の約束を履行しませんでした。そこで、長女、二女、二男、三男が遺産分割協議の解除を主張しました。

最高裁判所は、このケースについて、相続人の1人が、遺産分割協議の際に負担した債務を履行しないときであっても、他の相続人は民法541条によって契約を解除することはできないとし、その理由として、遺産分割は、その性質上協議の成立とともに終了し、その後は、協議において債務を負担した相続人とその債権を取得した相続人間の債権債務が残るだけと解すべきであるとしています。また、解除を認めると、民法909条によって相続開始時にさかのぼって効力を生じていた遺産の再分割を余儀なくされ、法律関係も複雑になり、法的安定性が著しく害されることになるので、解除は認めることができないとしました（最高裁判所・平成元年2月9日判決、家庭裁判月報41巻5号31頁）。

つまり、遺産分割はそのままとし、母Bの今後の処遇や祭祀承継の問題は、別途、長男と他の相続人の間で解決すべきであるという判決を下したということです。

また、遺産分割に際し、共同相続人の一部の者に現物を取得させ、相続分を超過した分を他の相続人に金銭（いわゆる代償金）を支払わせる約束がなされたが、金銭が支払われなかったケースについて、東京高等裁判所は、遺産分割そのものは協議の成立とともに終了し、当該協議において分割の方法として設定された債務については、その後は債権者と債務者の債権関係の問題として考えるべきであり、また、遡及効のある遺産分割について再分割を許すことは法的安定性を著しく損なうことになるので、債務不履行を原因として、民法５４１条により遺産分割協議を解除することは許されないとしました（東京高等裁判所・昭和52年8月17日決定、家庭裁判月報30巻4号１０１頁）。

つまり、債権者たる相続人は、遺産分割のやり直しではなく、債務者たる相続人に対し、家事調停や民事訴訟により、代償金の支払を求めるべきだということでしょう。

これらの判例から、裁判所は、相続人の債務不履行を理由に、遺産分割協議を解除することについては、消極的な態度をとっていることがわかります。

■遺産分割調停の解除の可否

遺産分割調停が成立し、その調停調書の中において、代償金支払債務を負担した相続人が債務を履行しなかったため、債権者である相続人が、調停による合意を解除すると主張した事案について、函館地方裁判所は、遺産分割の合意は、遺産分割そのものを目的としたいわゆる処分契約に属し、その性質上少なくとも合意解除を除くその他の理由による解除はできない上、調停は審判と同一の効果を有する結果いわゆる実質的確定力を取得し、新たな審判または調停によらなければその分割の形成的効果を消滅し得ないものと解するとして、解除を否定しました（函館地方裁判所・昭和27年10月15日判決、下級裁判所民事裁判例集3巻10号１４６７頁）。

調停において、当事者間に合意が成立し、これを調書に記載したときは調停成立となり、その内容が訴訟の対象となる事項であるときは確定判決と同じ効力が生じ、遺産分割のように家事事件手続法別表二に掲げる事項であるときは確定審判と同一の効力が生ずる（家事事件手続法２６８条1項）のですから、債務不履行を理由に解除を認めるのは相当ではありません。

■遺産分割協議の合意解除の可否

いったん成立した遺産分割協議を、相続人全員の合意の下で解除することを「合意解除」といいます。合意解除は、相続人全員の合意の下でなされますから、法的安定性を害するおそれは少なく、これを肯定するのが通説です。

最高裁判所も、共同相続人の全員が、すでに成立している遺産分割協議の全部または一部を合意により解除した上、改めて遺産分割協議をすることは、法律上当然には妨げられないとしています（最高裁判所・平成2年9月27日判決、家庭裁判月報43巻2号132頁）。

なお、いったん成立した遺産分割協議を合意解除し、再分割する場合は、取得した遺産の一部譲渡、交換、贈与等とみなされて課税されるおそれもあるため、事前に税理士等の専門家に意見を聞いておくほうがよいと思います。

この点に関連して、再分割による土地の共有持分の取得が地方税法73条の7第1号にいう「相続による不動産の取得」に当たるか否かが争われた事案について、最高裁判所は、相続人全員の合意による遺産分割協議の合意解除が有効であるとの前提に立ち、相続開始から4カ月後に行われた再分割による遺産承継も、相続による取得に当たるとしています（最高裁判所・昭和62年1月22日判決、判例時報1227号34頁）。

■結論

残念ながら、長男の債務不履行を理由にして、遺産分割協議を解除することはできません。代償金1200万円については、長男を相手に、別途家事調停（遺産分割後の紛争調停）や民事訴訟を提起して請求することになります。

■実務ポイント

一部相続人の債務負担を前提に遺産分割をせざるを得ない場合があります。この場合、遺産分割協議書の中に、負担する債務の内容をできるだけ明確に記載しておくことが大切です。遺産取得の代償として、金銭の支払を約束させるような場合は、遺産分割協議書を公正証書で作成しておくか、少なくとも、債権者、債務者間で債務弁済契約公正証書を作成しておけば、不履行の場合、改めて調停や訴訟を起こさなくても、直ちに強制執行が可能となります（民事執行法22条5号）。公正証書にしておけば、強制執行の可能性があるということで、任意の履行もより期待できます。

第16選 「相続分不存在証明書」と遺産分割協議の成否

相談事例

郷里で農業を営んでいる父村山淳一郎が亡くなって数年が経ちました。相続人は、母村山弘子、長男村山康郎それに二男の私村山義之の3人です。私は東京に出て働いていますが、郷里で農業を継いでいるのは長男の康郎です。

父の死後間もなく、長男から農地を含む父の遺産を単独で相続したいので「相続分不存在証明書」と印鑑証明書を送って欲しい、母も同意しているといわれ、これに応じました。

「相続分不存在証明書」は、私が父から生前贈与を受けているので相続分はないという内容でしたが、私には生前贈与を受けた事実はありません。

ところが、最近になって、長男は農地の一部を宅地化し数人の人に分譲しました。農地を宅地にして売れるなら、私も相続権を主張するところでした。遺産分割のやり直しはできないでしょうか。

解説

■遺産の細分化を防ぐ方法

農地を跡取りに相続させたいなど、遺産を細分化したくない場合があります。その場合、相続人の１人が遺産を単独取得する方法として、①他の相続人全員が相続を放棄する、②相続人の１人に遺産を取得させる遺産分割協議をする、③他の相続人全員が「相続分不存在証明書」を提出するなどの方法があります。

①の相続放棄をする場合は、相続人が相続開始の事実を知った時から3カ月以内に家庭裁判所に申述しなければなりません（民法９１５条）。②の遺産分割協議は、協議と遺産分割協議書の作成が必要ですが、これには手間がかかることがあります。そこで、簡便な方法として③の相続分不存在証明書（相続分のないことの証明書、特別受益証明書と呼ばれることもあります）を提出する方法が用いられることがあります。

■相続分不存在証明書

相続人が、被相続人から遺贈を受け、または婚姻、養子縁組のためもしくは生計の資本として財産の贈与を受けた場合、これらを特別受益といい、これらを受けた相続人を特別受益者といいます。

遺産分割をする場合、特別受益は特別受益者に対する遺産の前渡しとみなされます。そこで、遺産分割をする際、相続財産の額に特別受益の対象財産の額を加え、みなし相続財産の額を算出します。これを各相続人の法定相続分で割り、各相続人の相続分額を算定します。特別受益者の最終の取得分は、この相続分額から遺贈や贈与の額を控除した額になります（民法９０３条１項）。

遺贈や贈与の額が、特別受益者の相続分と同じか、これを上回る場合、特別受益者の取り分はないことになります（民法９０３条２項）。

そこで、遺産を細分化したくない場合、他の相続人全員が相続分不存在証明書を提出すれば、１人の相続人が遺産を相続した旨の相続登記ができます。

相続分不存在証明書の記載例は、〔図表〕のとおりです。

〔図表〕相続分不存在証明書の記載例

> 相続分不存在証明書
>
> 私は、被相続人からその生存中に相続分以上の贈与を受けておりますので、民法903条第２項の規定により、相続する相続分のないことを証明します。
>
> 平成○○年○月○日
> ○○市○町○番○号
> 被相続人　村山淳一郎
> 上記相続人　村山義之　㊞

■相続分不存在証明書の効力

ところで、遺贈や贈与を受けていない相続人が、相続分不存在証明書を提出した場合、その証明書は事実と異なることになりますが、有効とされるでしょうか。

(1) 証明書が有効とされる場合

実際に特別受益を受けていない相続人が、遺産を1人の相続人に帰属させる手段として相続分不存在証明書を提出した場合、その相続人が、そのことを理解した上で、真意に基づき提出していれば、この証明書は有効であるとするのが裁判例の立場です。代表的な裁判例は、この場合の理論構成として、その遺産に対する共有持分権を相手方に贈与したものと認めるもの（大阪高等裁判所・昭和53年7月20日判決、判例タイムズ371号94頁）、相続分不存在証明書の提出により遺産分割協議が成立したと認めるもの（東京高等裁判所・昭和59年9月25日判決、家庭裁判月報37巻10号83頁）があります。

後者の判例は、いわゆる「相続分なきことの証明書」による単独相続登記の方法が分割協議の便法として登記実務上多用されている現状を考えると、仮に、右証明書記載どおりの生前贈与がなくても、相続人間に全財産を一相続人の単独所有に帰属させる旨の意見の合致がある以上、これにより遺産分割協議がなされ、その過程で遺産に対する共有持分権の放棄または贈与がなされたものとみるとしています。

(2) 証明書が無効とされる場合

一方、相続分不存在証明書が無効で、改めて遺産分割協議が必要な場合があります。

(ア) 相続分不存在証明書が、本人の知らぬ間に他人の手により作成されていた場合は、当然のことながら証明書は無効です（長野地方裁判所諏訪支部・昭和31年8月24日判決、下級裁判所民事裁判例集7巻8号2290頁）。

（イ）相続人が、遺産について十分な認識をしないで相続分不存在証明書を作成、提出した場合は、その証明書が無効になることがあります。

被相続人が、昭和22年頃に自作農創設特別措置法により取得した農地について、相続人の1人が、以前からその農地を前所有者から借り受けて耕作しており、昭和19年にはそれを買い受け自分の所有になっていると主張したので、他の相続人がこれを信じ、相続分不存在証明書を交付した事例について、裁判所は、相続人の1人が昭和19年に農地を買ったという証拠はなく、相続分不存在証明書は無効であり、農地は遺産であるから改めて遺産分割をするのが相当であるとしています（大阪高等裁判所・昭和46年9月2日決定、家庭裁判月報24巻11号41頁）。

（ウ）他の相続人から圧力を受け、これに抵抗できず証明書を作成提出したときは、その証明書は真意に基づくものといえず無効です。「被相続人より相続分に等しい贈与を受けているので、被相続人の死亡による相続につきその受くべき相続分はない」と記載の上、相続人の署名押印のある書面が証拠として提出されているが、同書面は、抗告人側の圧力によって、やむを得ず作成されたもので、必ずしも作成者の真意に出たものといい難いことは、本件記録によって明らかであるとした上で、証明書を無効とし遺産分割をなすべきであるとした裁判例があります（大阪高等裁判所・昭和40年4月22日決定、家庭裁判月報17巻10号102頁）。

■未成年者・代襲相続人の相続分不存在証明書

未成年者が、特別受益者である場合、共同相続人である親権者が相続分不存在証明書を作成しても構いません。この証明書は、事実の証明に過ぎませんから民法826条の利益相反行為に該当しないとされています。この場合、親権者が自分の実印を押し、印鑑証明書と親権者の代理権限を証明する戸籍謄本（発行後3カ月以内のもの）を添付します。

未成年者自身も、ある程度の年齢に達し、自分の印鑑証明書を添付できれば証明書の作成が可能ですし、代襲相続人も、「特別受益を受けていた」旨の証明書を作成することができます。

■結論

裁判例は、相続分不存在証明書が提出された時に、遺産分割の合意が成立したと考えており、実際に生前贈与等の特別受益があったか否かは重視していません。

そこで、質問者が、長男に遺産を帰属させる手段であることを認識しながら相続分不存在証明書を提出した以上、改めて遺産分割協議を求めることはできません。

■実務ポイント

相続分不存在証明書の効力が問題となった場合、相続人が、作成時にどの遺産についての証明と考えていたか、遺産をある相続人の単独所有とするための手段であることを理解していたかを検討することになります。

税金等の支払のため、遺産である特定の不動産だけを売却することに合意し、相続分不存在証明書を交付したところ、交付を受けた相続人がこれを利用し、遺産全部につき単独で相続登記をしてしまう等のケースもあるため注意しておきたいところです。

第4章

遺言・遺留分に関する相談事例

第17選 遺言書検認の手続

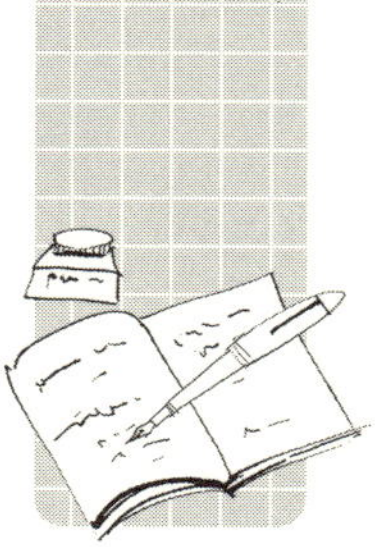

相談事例

私鈴木良雄の長兄鈴木雅和が亡くなり、遺品を整理していたところ、本人の筆跡で表面に「遺言書」と記載された封筒が見つかりました。封筒を開いて内容を確認しても平気でしょうか。

父母はすでに亡くなっており、相続人は、二男の私、三男の鈴木宗一、亡四男の子の鈴木二郎、鈴木秀二、鈴木真理子の5人です。

自筆証書遺言には検認という手続が必要だと聞いたことがあります。具体的に、どのような手続をすればよいのですか。

解説

■遺言書検認の制度

遺言書の検認とは、公正証書遺言以外の遺言書について、偽造・変造などを防ぐため家庭裁判所が行う一種の検証手続で、証拠保全の手続ともいわれています。遺言書の現状を保存する手続で、有効、無効を確認する手続ではありませんので注意が必要です。検認が済んだ遺言書であっても、無効を主張する相続人は、遺言無効確認の調停や訴訟を起こすことができます。公正証書遺言は、公証人が原本を保管し、偽造変造のおそれがないため検認は不要です（民法１００４条２項）。

検認の意味について、検認は、遺言の方式に関する一切の事実を調査して遺言書の状態を確定しその現状を明確にするものであって、遺言書の実体上の効果を判断するものではないとする裁判例があります（大審院・大正４年１月16日決定、大審院民事判決録21輯《しゅう》８頁）。

■検認の申立て

遺言書の保管者や遺言書を発見した相続人は、相続開始後遅滞なくこれを家庭裁判所に提出して検認の請求をしなくてはなりません（民法１００４条１項）。

検認の申立ては、相続開始地（被相続人の最後の住所地）を管轄する家庭裁判所に行います（家事事件手続法209条1項）。

申立てに際しては、申立書のほか、申立人、遺言者、相続人全員の戸籍謄本を提出します。遺言者の戸籍謄本は、相続人を確認するため出生時から死亡時までのすべてのものが必要です。遺言書の原本は、検認の審判期日に持参します。なお、申立ての費用としては、遺言書1通ごとに収入印紙800円、連絡用の郵便切手代が必要になります。

なお、検認の申立ては、家庭裁判所の許可を得ないと取り下げができません。

■検認の手続

家庭裁判所は、検認の申立てがあると、検認の審判期日を定め申立人および相続人全員に呼出状を送付します。

裁判官は、審判期日に出頭した相続人を確認し、遺言書の保管者に遺言書の原本を提出させます。遺言書が封印されている場合、裁判官または命を受けた書記官が開封します（民法1004条3項）。

裁判官は、検認に際し、遺言の方式に関する一切の事実を調査することになっています。具体的には、遺言書に用いられている用紙の種類、枚数、筆記用具の種類、遺言の内容、日付、署名、押印の状況などを調査します。その上で、遺言書を保管していた者に遺言書を発見した時の状況、保管するに至った経緯を聴取し、出頭している相続人に遺言書を示し、書かれている文字が本人のものか、押印に見覚えがあるかなどにつき意見を聴取します。

書記官は、相続人らの陳述内容を記載した検認調書を作成します（家事事件手続法２１１条）。検認調書には対象となった遺言書の写しが添付されることになっています。

検認が済んだ遺言書は、検認済み証明書を添付して提出者に返還されます。

書記官は、検認の終了後、検認の期日に立ち会わなかった相続人、受遺者その他の利害関係人（検認期日の通知を受けた者を除く）に対し、検認が行われたことを通知します。

■検認の効果

検認がなされたからといって、遺言書の有効無効が決まるわけではないことは、前述のとおりです。

自筆証書遺言に基づく不動産の相続登記申請は、検認を経て初めて可能になります。

■結論

長兄の作成した自筆証書遺言は、開封せず、検認の申立てをしてそのまま裁判所に提出することになります。検認の申立ては、長兄の最後の住所地を管轄する家庭裁判所にします。

■実務ポイント

検認を要する遺言書は、公正証書遺言を除くすべての遺言書です。自筆証書遺言、秘密証書遺言はもとより、確認を受けた特別方式の遺言（民法９７６条以下）も検認が必要です。

内容や形式から遺言書と判断される書面はすべて検認の対象です。明らかに方式に違反し無効と思われる遺言書であっても、検認の対象としなければなりません。

家庭裁判所に遺言書を提出することを怠り、その検認を経ないで遺言の執行をし、家庭裁判所外で開封した者は、5万円以下の過料に処せられることがあるので（民法１００５条）、公正証書遺言以外の遺言書があるときは、必ず検認の申立てをするよう助言するとよいでしょう。

相続人が故意に遺言書を隠匿すると、相続欠格となり、相続の権利を失います。また、受遺者が隠匿した場合は、受遺者としての権利を失います（民法８９１条5号、９６５条）。

第18選 自筆証書遺言の書き方

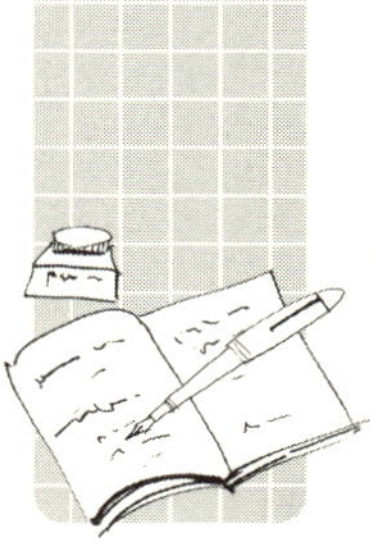

相談事例

市川章と申します。元気なうちに遺言書を書いておこうと思います。相続人となるべき者は、妻の市川百合子、長男市川浩、二男市川政雄、それに長女の梨田加世子の4人です。

妻百合子に自宅の土地・建物と預貯金の一部、長男浩にマンションと株式、二男政雄に預金の一部とゴルフ会員権、長女加世子に預金の一部を相続させたいと思います。また、亡くなった私の弟市川幸司の長男幸一に預金の一部を遺贈したいとも思っています。

万一、私の妻百合子が私より先に死亡した場合、妻百合子が相続するはずの土地・建物を長男浩に、預貯金を二男政雄に相続させたいと考えています。

遺言書は、どのように書いたらよいでしょうか。

解説

■自筆証書遺言の方式

自分で作成する遺言を自筆証書遺言といいます。

民法968条1項は、「自筆証書によって遺言をするには、遺言者がその全文、日付及び氏名を自書し、これに印を押さなければならない」と規定しています。自筆証書遺言は、遺言者が全文を自分で書き、日付と氏名も自分で書いて必ず押印することが必要だということです。これらの要件を欠く遺言は、無効になります。

■相続させる遺言

不動産や預貯金、株式等を相続させる場合は、次のように記載します。次の①②は基本の形で、③は清算型の遺言といいます。④は遺産分割協議未了の財産に対する相続分を相続させる遺言です。

①「遺言者は、遺言者の有する次の建物および借地権を、遺言者の妻〇〇〇〇に相続させる。

（1）〇〇市〇〇1丁目2番3号所在　家屋番号〇〇番　木造瓦葺2階建居宅

（2）建物の敷地である〇〇市〇〇1丁目2番3、宅地〇〇平方メートルに対する借地権（賃貸人甲野太郎）」

②「遺言者は、遺言者の有する次の預貯金を、遺言者の長女〇〇〇〇に相続させる。
〇〇銀行〇〇支店の定期預金の全部
ゆうちょ銀行の通常貯金　記号・番号」

③「遺言者の有する財産の全部を売却換価し、その換価金から遺言者の一切の債務を弁済し、かつ、遺言の執行に関する費用を控除した残金を、次のとおり相続させる。
妻　〇〇〇〇に4分の3
長男〇〇〇〇に4分の1」

④「遺言者は、亡夫〇〇〇〇の遺産について遺言者が有する相続分を、遺言者の長女〇〇〇〇に相続させる。」

■遺贈

遺贈は、遺言による財産の無償譲渡をいいます。相続人にも遺贈ができますが、相続権のない人に財産を承継させるために遺贈がよく使われています。

遺贈の遺言は次のように記載します。①の遺贈を特定遺贈といい、②の遺贈を包括遺贈といいます。包括遺贈は、遺産の全部または一定割合による部分を与える遺言で、包括受遺者は相続人と同一の権利義務を有するとされています（民法990条）。③を負担付き遺贈といいます（民法1002条）。

①「遺言者は、遺言者の有する次の株式を、遺言者の甥○○○○に遺贈する。

○○株式会社の株式全部」

②「遺言者は、遺言者の有する財産全部を内縁の妻○○○○に遺贈する。」

「遺言者は、遺言者の有する財産全部を、次の者らに次の割合で、それぞれ包括して遺贈する。

内妻○○○○に2分の1

男○○○○（内妻○○○○との間の子）に2分の1」

③「遺言者は、遺言者の有する次の土地を、遺言者の弟○○○○に遺贈する。

〈土地の表示〉

受遺者○○○○は、前項記載の不動産の遺贈を受けることの負担として、遺言者の妻が死亡するまで、同人に対し生活費月額○○万円を、毎月末日限り、持参または送金して支払う。」

■予備的遺言

相続人となるべき人が遺言者より先に死ぬと、その人に対する財産承継の遺言は無効となります（遺贈につき民法994条、相続させる遺言につき最高裁判所・平成23年2月22日判決、最高裁判所民事判例集65巻2号699頁)。そして、遺言が無効とされた結果、対象財産は相続人の共有となり、遺産分割が必要になります。そこで、そのような事態を避けるため、相続人となるべき人が遺言者より先に死亡した場合、対象財産を誰に相続させるのかについても遺言するケースがあります。これを、予備的遺言といい、次のように記載します。

「妻○○○○が遺言者の死亡以前に死亡したとき、または遺言者と同時に死亡したときは、第○項により妻○○○○に相続させるとした財産のうち、土地・建物は長男○○○○に、預貯金は二男○○○○に相続させる。」

■相続分の指定

被相続人が、遺言で相続分を指定したときは、その指定が法定相続分に優先します（民法902条1項本文）。相続分の指定は、遺留分の規定に違反することができないとされていますが（民法902条1項ただし書）、遺留分侵害の指定が無効になるという趣旨ではなく、他の相続人において遺留分減殺請求ができるという趣旨です。減殺請求があると、相続分の指定は、遺留分の割合を超える部分の割合に応じて修正されます（最高裁判所・平成24年1月26日決定、判例時報2148号61頁）。相続分の指定の記載例は、次のとおりです。

「遺言者は、次のとおり相続分を指定する。

妻　○○○○　6分の4

長女○○○○　６分の１
長男○○○○　６分の１」

■子の認知

認知は、父または母が婚姻外の子を自分の子であると認めて法律上の親子関係を生じさせる単独の行為です（民法７７９条）。ただし、母の場合は、その子を分娩した事実が明らかであれば、当然親子関係が発生し認知は必要ないとされています（最高裁判所・昭和37年4月27日判決、最高裁判所民事判例集16巻7号１２４７頁）。

認知は、生前に戸籍法による届出をしてすることができます。遺言によってもできますが、遺言による場合は、遺言執行者が就職の日から10日以内に、遺言の謄本を添付して戸籍の届出をします（戸籍法64条）。成年の子の認知には本人の承諾が必要です（民法７８２条）、また、胎児の認知には母の承諾が必要です（民法７８３条１項）。

認知の遺言は、遺言者の死亡と同時に効力を生じます。

認知の遺言は、次のように記載します。

「遺言者は、本籍・・・・氏名○○○○（生年月日）を認知する。」

■遺留分減殺についての別段の意思表示

遺留分減殺の順序は、遺贈・相続させる遺言による承継財産、生前贈与など順序が決められており（民法1033条）、遺贈など同順位の目的財産が複数あるときは、その目的物の価額に応じてすべて減殺の対象とされるのが原則です。しかし、遺言者が遺言で別段の意思表示により減殺の対象財産の順序を定めることができるとしています（民法1034条）。この遺言は、次のように記載します。

「遺言者は、遺留分の減殺は、まず第○項により長男Aに相続させる財産からすべきものと定める。」

■保険金受取人の変更

保険金受取人の指定変更権が留保された生命保険契約において、保険契約者が、遺言により保険金受取人を変更できるかについては、見解が分かれていました。肯定・否定の両説があったのですが、東京高等裁判所が肯定説を採用して以来、肯定説が有力となりました（東京高等裁判所・平成10年3月25日判決、判例タイムズ968号129頁）。そこで、平成22年4月1日に施行された保険法では、遺言による受取人の変更を明確に認めることになりました。同日以降に締結された保険契約について、保険法44条1項、73条1項は、生命保険、傷害疾病定額保険のそれぞれについて、遺言による保険金受取人の変更を認めています。遺言による保険金受取人の変更は、遺言が効力を生じた後、保険契約者の相続人がその旨を保険者に通知しなければ、保険者に対抗することができません（保険法44条2項、73条2項）。保険契約当事者以外の者を被保険者とする死亡保険契約・傷害疾病定額保険の保険金受取人の変更は、被保険者の同意がないと効力を生じない（保険法45条、74条）とされていますが、この同意の時期は遺言の効力発生後でもよいとされています。保険金受取人変更の遺言記載は次のとおりとなります。

「遺言者は、次の保険契約の死亡保険金受取人を、妻の○○○○から、長男の○○○○に変更する。

記

平成○○年○月○日、遺言者を保険契約者兼被保険者として、保険者であるA生命保険相互会社との間で締結した生命保険契約（証書番号・・・・・）

遺言執行者は、この遺言の効力発生後、速やかにA生命保険相互会社に対し、前項の保険金受取人変更を通知するとともに、所定の手続を取るものとする。」

■推定相続人の廃除

被相続人は、推定相続人から虐待を受け、または重大な侮辱を受けたとき、あるいは推定相続人に著しい非行があったときは、その推定相続人の廃除を家庭裁判所に請求できます（民法892条、家事事件手続法39条）。廃除の対象となる推定相続人は、遺留分を有する相続人です。被相続人の兄弟姉妹は遺留分がありませんから廃除ができません。廃除しなくても、遺言や生前処分によって遺産を相続させないことができるからです。廃除の意思表示は遺言によってもすることができ、遺言執行者は、遺言の効力発生後遅滞なく、家庭裁判所に廃除の請求をします（民法893条）。廃除の理由が認められて廃除の審判が確定すると、その相続人の相続権はなくなりますが、その相続人に子や孫がある場合は、代襲相続によって子や孫に引き継がれます（民法887条1項）。

廃除の遺言は次のように記載します。

「遺言者の長男○○○は、遺言者を常に馬鹿親父と罵って侮辱し、しばしば、遺言者を足蹴りにして暴行を加えるなど虐待を続けるので、遺言者は、長男○○○を廃除する。」

■祭祀承継者の指定

系譜、祭具、墳墓などの所有権は、一般の相続の対象とならず、祖先の祭祀を主宰すべき者（祭祀承継者）が承継します。

祭祀承継者は、被相続人の指定により、それがなければその地方の慣習により決まります（民法897条1項）。それでも決まらないときは、家庭裁判所の調停、審判によって定めることになります（民法897条2項、家事事件手続法39条）。

祭祀承継者の指定は、生前にもできますが、遺言でするのが普通です。遺言では次のように記載します。

「遺言者は、祖先の祭祀を主宰すべき者として、次の者を指定する。
住　所
職　業
氏　名
生年月日　」

■遺言執行者の指定

遺言者は、遺言によって遺言執行者を指定することができます（民法１００６条1項）。未成年者や破産者でない限り、推定相続人、受遺者、遺言公正証書の証人も執行者に指定できます。遺言執行者の指定がない場合、相続人その他の利害関係人は、遺言の効力発生後、その選任を家庭裁判所に請求することができます（民法１０１０条、家事事件手続法39条）。遺言執行者は、次のように指定します。

「遺言者は、この遺言の執行者として、次の者を指定する。
住　所
職　業
氏　名
生年月日

遺言執行者は、この遺言に基づく預貯金等の金融資産の名義変更、解約払戻しおよび貸金庫の開扉・解約その他この遺言の執行に必要な一切の行為をする権限を有する。」

■結論

質問者の遺言書の記載は、〔図表〕記載例のとおりになります。

■実務ポイント

自筆証書遺言をする場合、民法９６８条１項の要件を備えているかに注意し、遺言書の内容が明確で解釈に困ることがないかについて注意する必要があります。

また、動産など細かい財産についての行先も記載しておかないと、改めてその財産について遺産分割協議が必要になって無用な手間がかかるようになりますので、「その他の一切の財産」についても相続する人を記載するよう注意すべきです〔図表〕。

〔図表〕遺言書例

遺　言　書

遺言者市川章は、次のとおり遺言する。

1　遺言者は、妻市川百合子（生年月日）に、遺言者の有する次の不動産、預貯金を相続させる。
　（1）土　地
　　　東京都○○区○○一丁目2番3号
　　　宅地　○○○.○○平方メートル
　（2）建　物
　　　東京都○○区○○一丁目2番3号　家屋番号130番4
　　　木造瓦葺2階建　居宅
　　　1階　○○.○○平方メートル
　　　2階　○○.○○平方メートル
　（3）預貯金
　　　○○銀行○○支店の遺言者名義の定額預金全部
　　　ゆうちょ銀行の遺言者名義の通常貯金全部

2　遺言者は、長男市川浩（生年月日）に、遺言者の有する次の不動産、株式を相続させる。
　（1）マンション
　　　東京都○○区二丁目3番4号所在の○○マンション10階101号室
　　　床面積　○○.○○平方メートル
　（2）株　式
　　　○○電機株式会社の株式全部

3　遺言者は、二男市川政雄（生年月日）に、遺言者の有する次の預金、ゴルフ会員権を相続させる。
　（1）預　金
　　　××銀行××支店の遺言者名義の普通預金全部
　（2）ゴルフ会員権
　　　××カントリークラブの会員権

4　遺言者は、長女梨田加世子（生年月日）に、遺言者の有する次の預金を相続させる。
　　預　金
　　　△△銀行△△支店の遺言者名義の預金全部

5　遺言者は、甥市川幸一（生年月日）に、次の預金を遺贈する。
　　預　金
　　　××銀行××支店の遺言者名義の定額預金全部

6　遺言者は、妻市川百合子が遺言者の死亡以前に死亡したとき、または遺言者と同時に死亡したときは、第1項により妻市川百合子に相続させるとした財産のうち、（1）（2）の土地・建物を長男市川浩に、（3）の預貯金を二男市川政雄に相続させる。

7　遺言者は、前各項に記載した財産以外の財産一切を長男市川浩に相続させる。

8　遺言者は、この遺言の遺言執行者として、長男市川浩を指定する。

平成○○年○月○日

住　所　　東京都○○区○○一丁目2番3号

遺言者　　　　　　市　川　　章　　㊞

第19選 自筆証書遺言の有効要件

相談事例

父牧田良一の死後、自筆証書遺言が見つかり、家庭裁判所で検認の手続を終了しました。父の遺言は、妻牧田真理子に居住していた土地・建物を相続させる、長男の牧田俊哉と二男の私牧田和男には、預貯金等の金融資産を解約等により現金化しそれぞれ1500万円を相続させ、残金は妻真理子に相続させるというものでした。

ところで、父の遺言書には訂正があり、長男と私に相続させる1500万円については、当初1000万円と記載されていましたが、1000を2本線で抹消し、その脇に1500と記載され、その場所に印が押されていました。遺言書の最後に記載された日付は、「平成12年文化の日」と記載されています。

この遺言書は有効ですか。

解説

■自筆証書遺言の要式性

自筆証書遺言は、用紙、筆記用具、印鑑があれば誰でも手軽に作成でき、大変便利なのですが、民法は厳しい要式を要求しているので、その要式に従わなければ無効となってしまうリスクがあります。

遺言は、遺言者の死後に効力が生ずることから、遺言者の意思を確保し、偽造・変造などを防止する必要があります。そこで、その作成や付加・訂正の方法について厳格な方式が定められているのです。

■自書性

自筆証書遺言をするためには、遺言者がその全文、日付および氏名を自書し、これに印を押さなければなりません（民法９６８条１項）。

全文自書が求められるのは、遺言が遺言者の真意に基づくものであることを明確にするためです。パソコン、タイプライター、ワープロや点字機を使用した遺言は無効です。ビデオや録音テープによる遺言も無効です。

遺言書の本文は自書しましたが、タイプライターで印字した不動産目録を添付した事例がありました。この事例につき、裁判所は、不動産目録は遺言中重要な部分を構成するから、自書の要件を欠き、遺言の全体が無効となるとしました（東京高等裁判所・昭和59年3月22日判決、判例時報1115号103頁）。

他人に後ろから添え手をしてもらって書いた遺言が自書といえるか争われたケースがあります。最高裁判所は、①本人が自書能力を有し、②他人の添え手が始筆改行等のため遺言者の手を正しい位置に導くなど単に筆記を容易にするための支えを借りるにとどまり、③他人の意思が介入しなかったことが筆跡上判定できる場合に限り、自書の要件を満たし有効であるとしています（最高裁判所・昭和62年10月8日判決、最高裁判所民事判例集41巻7号1471頁）。

■用語

遺言書に用いられる言葉には制限がありません。外国語による遺言も有効で、全文英語による遺言も有効とされました（最高裁判所・昭和49年12月24日判決、最高裁判所民事判例集28巻10号2152頁）。

■日付

日付の記載が必要とされるのは、遺言者の当時の遺言能力の有無を判断したり、複数の遺言書が存在する場合、その前後関係を決めたりするためです。

後の遺言の内容が前の遺言と抵触するとき、抵触する部分については、後の遺言のほうが有効となります（民法１０２３条1項）。そのため、日付を欠く遺言は無効とされます。

日付は、年月日を記載するのが普通ですが、日付の特定ができる「還暦の日に」とか「○○歳の誕生日に」と書いてもよく、「平成○年敬老の日」も有効です。ただし、「昭和41年７月吉日」は無効とされました（最高裁判所・昭和54年５月31日判決、最高裁判所民事判例集33巻４号４４５頁）。

自筆証書遺言３葉を入れて封をした封筒の裏面にのみ日付の記載がある場合、３葉の書面と封をした封筒の一体性を認め有効とした裁判例があります（東京高等裁判所・昭和56年９月16日判決、判例時報１０２０号49頁）。

■氏名

氏名の記載も必要です。氏名は、通常、戸籍上の姓と名を記載しますが、姓や名だけを書いた場合でも本人が特定できれば有効とされます。「吉川治郎兵衛」と書くべきところ、「をや治郎兵衛」と書いても有効です（大審院・大正4年7月3日判決、大審院民事判決録21輯《しゅう》１１７６頁）。

氏名は、戸籍名である必要はありません。通称、雅号、ペンネーム、芸名、屋号でも遺言者との同一性が明らかであれば有効です。

■押印

押印は、遺言者の特定のため、また、遺言者の遺言意思確認のために必要とされています。使用される印鑑は、実印であることが望ましいですが認印でも有効です。印鑑に代えて、指印でもよいとされていますが（最高裁判所・平成元年2月16日判決、判例時報1306号3頁、判例タイムズ694号82頁）、遺言者の死後本人の指印であることを立証することは困難ですから、指印は避けるべきでしょう。

押印の場所について、遺言内容を記載した書面に氏名の記載はあるが、その氏名の下に押印がなく、遺言書が入れられていた封筒の裏面に押印があった場合、この遺言を有効とした判例があります（静岡地方裁判所浜松支部・昭和25年4月27日判決、判例時報40号24頁）。

■加除・訂正

民法968条2項は、加除・訂正の方法について、「自筆証書中の加除その他の変更は、遺言者が、その場所を指示し、これを変更した旨を付記して特にこれに署名し、かつ、その変更の場所に印を押さなければ、その効力を生じない」と規定しています。

例えば1500万円を相続させると書くべきところ、1000万円と誤記したときは、①1000を二本線で削除しその横に1500と記載し、②この場所に印を押し、③その行の欄外の余白に「この行4字削除、4字加入」のように付記するか、別の場所に「本遺言書第○行に4字削除、4字加入」と付記し、併せて④付記した場所に署名することになります。

前記②の印は、遺言書末尾の氏名の下に押した印と同一の印鑑によらなければならないかという問題があります。遺言の性質上、作成時と変更時に時間的間隔があることも予想されるので、遺言作成時に用いられた印と同一のものであることを要しないと解されています。

このように厳格な付加・訂正の方法は、遺言書の偽造・変造を防ぐために定められたものです。民法の定める加除訂正の方法に従わない場合、加除訂正はなかったものとして扱われます。

■結論

遺言の日付が「平成12年文化の日」となっていますが、日付の要件は満たしています。これで、十分正確な年月日を知ることができるからです。ただし、1000万円を1500万円に訂正した部分は、法定の方式を満たしておらず効力を生じません。長男と相談者の二男には1000万円ずつの相続となります。

■実務ポイント

自筆証書遺言は、作成が簡単で費用がかからないという長所がありますが、厳しい有効要件が定められており、せっかくの遺言が無効となることもあるので注意が必要です。また、遺言の滅失・偽造・変造のおそれがあり、遺言者死亡後家庭裁判所の検認を受ける手続も必要です。なお、検認の手続は、遺言書の偽造・変造を防ぎ、原本の写しを保存して滅失を防ぐ一種の検証手続で、遺言の有効無効を判定する手続ではないことに注意を要します。

一方、公正証書遺言は、遺言の存在がわかりやすく、内容も正確で、検認の手続も不要ですが、証人2名の立会いが必要であったり、費用がかかったりします。それでも、将来の紛争の予防のためには、公正証書遺言にしておくほうがよいと思います。

第20選

自筆証書遺言の有効性（遺言能力）

相談事例

軽度の認知症だった亡父佐藤一郎が自筆証書遺言を残していました。その内容は、「老後の面倒を見てくれた私の長男佐藤正一に全財産を相続させる」というものでした。

私正一の他の兄弟たちは、全く遺産をもらえないものと思い、そもそも認知症の父が書いた遺言書自体が無効であると主張しています。遺言書には父のはんこが押してあり、形式的に遺言としての必要な条件はすべて満たしています。

この遺言は有効でしょうか。

解説

■遺言能力

有効な遺言をする前提として、遺言書を作成する時点で遺言者が遺言の内容とその効果を理解できる能力を有している必要があります。これを「遺言能力」といいます。

遺言能力について、民法９６１条は「15歳に達した者は、遺言をすることができる」としています。未成年者でも15歳になっていれば親権者の同意を要せず単独で遺言をすることができます。また、判断能力を欠く常況にあるとして成年後見開始審判を受けた成年被後見人であっても、判断能力を一時回復したときは、医師２人以上の立会いのもとで遺言をすることができます（民法９７３条1項）。

これらの規定から、遺言の能力は、一般の取引行為能力より低くてもよいと考えられていることがわかります。本来、行為能力が必要とされるのは行為者の財産を保護するためですが、遺言は、本人死亡後に効力が生ずるので、財産の保護より本人の意思決定を優先させているといえます。

それでは、どの程度の能力があれば有効に遺言をすることができるのでしょうか。以下、裁判例をみてみましょう。

遺言能力を肯定した裁判例として、

① 遺言者は、高血圧性脳症により一時意識を失って入院したことがあり、再度の入院の際、医師から「指南力見当識（自分の置かれている場所や相手を認識する能力）は全く不良」との診断を受けていたが、見舞いに訪れた親類の顔を識別でき、自宅に早く帰りたいと訴え続け、自宅に残した重要書類の引渡しを求めるなどし、退院後は姪Xのもとに身を寄せ、遺言者所有の不動産をXに遺贈する旨の遺言をしたケースにつき、遺言者の言動や遺言の動機の存在、遺言内容の単純性などを考慮し、遺言能力があるとした事例（浦和地方裁判所・昭和58年8月29日判決、判例タイムズ510号139頁）

② 遺言者は、現金や貯金証書の入った鞄を取り上げられて一時的に精神不安定に陥り、暴れたり大声をあげたりしたが、脳に障害はなく、その返還後は精神の安定を取り戻していたため、遺言能力に問題はないとされた事例（東京地方裁判所・昭和63年4月25日判決、判例タイムズ690号92頁）

③ 単純型の中等度の精神分裂病（統合失調症）だが、単独で交通機関を乗り継いで通院することができた遺言者が、全財産を叔父に遺贈するという単純な公正証書遺言をしたケースにつき、遺言能力に欠陥があるとはいえないとした事例（大阪高等裁判所・平成2年6月26日判決、家庭裁判月報43巻8号40頁）

④ 遺言条項は全部で8カ条にすぎず、不動産は2件、預金の配分先も5名程度であるから、比

較的単純な遺言といえるので能力の低下はあるものの遺言能力は肯定できるとした事例（東京高等裁判所・平成10年８月26日判決、判例タイムズ１００２号２４７頁）などがあります。

一方、遺言能力を否定した裁判例として、

⑤ 脳動脈硬化症のため、中等度の人格水準低下と認知症がみられ、是非善悪の判断能力および事理弁識能力に著しい障害があるときに作成された公正証書遺言は無効であるとした事例（東京高等裁判所・昭和52年10月13日判決、東京高等裁判所判決時報民事28巻10号２５９頁）

⑥ 遺言者は、遺言公正証書作成時にアルツハイマー型老年痴呆（認知症）により記憶障害および理解力、判断力の低下が著しい状態にあり、必ずしも単純な内容ではない本件遺言をなしうる意思能力を有していなかったとして、遺言を無効とした事例（東京地方裁判所・平成４年６月19日判決、家庭裁判月報45巻４号１１９頁）

⑦ 遺言者は、脳梗塞の後遺症でウェルニッケ失語症（話す内容に誤りが多く、判断能力が極めて強く障害されるという特徴がある）と診断され、その主治医の見解と遺言内容の複雑性に鑑み、遺言時にその内容と効果を理解して作成していたとは認められないとされた事例（東京地方裁判所・平成５年２月25日判決、判例時報１４７６号１３４頁）

⑧ 遺言の２年ほど前から全身体的な脆弱化に伴い精神的な変調（記憶力および理解力の低下）が認められ、遺言のおよそ１カ月後に行われた簡易知能評価スケールによるテスト結果が高

度の知的機能の低下を示していることに加え、本件遺言の内容が本文14頁、物件目録12頁、図面1枚という大部で、その内容も複雑かつ多岐にわたることを理由に公正証書遺言が無効とされた事例（東京高等裁判所・平成12年3月16日判決、判例時報１７１５号34頁）などがあります。

裁判所は、遺言者の年齢や病歴、病状、遺言書作成時およびその前後の言動、応答、遺言の動機の有無、遺言内容の単純性・複雑性などを慎重に検討して遺言能力の有無を判定しています。

■遺留分減殺請求権について

ご質問の事例では、他の兄弟たちが、この遺言では全く遺産をもらえないと思ったとのことですが、そのようなことはありません。他の兄弟たちには、長男佐藤正一に対する遺留分減殺請求権があります。

遺留分とは、遺言者が行った遺贈や生前贈与の結果遺産をもらえなくなった、被相続人の兄弟姉妹以外の相続人が、一定の範囲で遺贈や贈与を減殺し、取り戻せる権利をいいます。遺産をもらえなかった相続人に対する「補償」といってもよいでしょう。原則は相続財産の2分の１（つまり法定相続分の2分の1）、相続人が直系尊属のみのときは3分の1が遺留分の割合となります（民法１０２８条）。実際の遺留分の計算方法については、民法１０２９条に規定があります。

遺留分減殺請求権は、相続の開始および減殺すべき贈与等を知った時から1年間行使しないと時効で消滅します（民法１０４２条）。

■自筆証書遺言の方式

自筆証書遺言は、①全文を自分で書くこと、②作成した日付を自分で記載すること、③氏名を自署し、自分で押印することが有効要件です（民法９６８条）。したがって、ワープロやパソコンで作成し、プリントアウトしたものは無効になります。

また、日付を「昭和41年7月吉日」とした遺言は無効とされています（最高裁判所・昭和54年5月31日判決、最高裁判所民事判例集33巻4号４４５頁）。押印については、遺言書本文を入れた封筒の封じ目に押されたものでもよいとするもの（最高裁判所・平成6年6月24日判決、家庭裁判月報47巻3号60頁）、指印でも可とするもの（最高裁判所・平成元年2月16日判決、最高裁判所民事判例集43巻2号45頁）があります。

■結論

相談事例の遺言は有効と考えてよいでしょう。

しかし、他の相続人から遺言無効確認の調停や訴訟が起こされたり、遺留分減殺請求がなされたりする可能性については認識しておくべきでしょう。

■実務ポイント

遺言者の意思能力が正常なときから早めに遺言書を作成しておくこと、他の相続人の遺留分等に配慮した内容の遺言をすることなどをアドバイスすることが大切です。

第21選 公正証書で遺言するには

相談事例

志村徹と申します。今年70歳を迎えましたので、遺言をしたいと思っています。

公正証書で遺言するのが確実だと聞きましたが、どのような手続が必要ですか。また、費用はどのくらいかかりますか。

私の財産としては、複数の不動産、預貯金、株式、投資信託、ゴルフ会員権などがあり、相続人は、妻志村葉子、長男志村武、二男志村三郎、長女浜本京子の4人です。

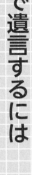

解説

■公証人・公証役場

公証人は、法務大臣に任命された公務員です。当事者の嘱託を受けて、債務弁済、賃貸借、離婚給付、任意後見などの契約公正証書や遺言公正証書を作成します。また、会社設立の定款など私文書の認証をします。債務弁済や離婚給付などの契約公正証書で金銭の支払に関し、強制執行認諾条項が入りますと、裁判を経ることなく、公正証書自体で強制執行ができる効力があります(民事執行法22条5号)。

公証人は、現在、全国で約４９０人おり、約３００カ所の公証役場で執務しています。

公証人のうち、そのほとんどは裁判官または検察官として30年以上の実務経験を有する法曹資格者ですが、各地の法務局長経験者など多年法務に従事し、裁判官、検察官に準ずる学識経験を有する者も任命されています。

公正証書による遺言を希望する場合、まず、公証人に連絡して相談すべきでしょう。公正証書作成に関する相談は無料です。

公証役場の所在地は、日本公証人連合会のホームページで知ることができます。また、同連合会本部事務局に問い合わせれば最寄りの公証役場を教えてくれます。

■必要書類等

遺言公正証書作成のため準備すべき書類等は、次のとおりです。

(1) 遺言の内容を記載した簡単なメモ
(2) 遺言者の印鑑証明書（発行後3カ月以内のもの）・実印
(3) 遺言者と相続人の続柄がわかる戸籍謄本
(4) 相続人以外の人に財産を遺贈するときは、その人の住民票
(5) 相続させる財産が不動産のときは、土地・建物の登記簿謄本および固定資産税評価証明書、預貯金、株式などのときはその銀行（支店）名・会社名等の概要を記載したメモ

■証人

遺言公正証書を作成する場合、証人2名が立ち会う必要があります（民法969条）。

証人は、公正証書作成の際、終始同席し、公証人とともに、①遺言者が本人に間違いないかを確認する、②遺言者が正常な精神状態のもとで、自己の意思に基づいて遺言の趣旨を口述することを確認する、③公証人の筆記が正確であることを確認する役割を担っています。

証人は、遺言者の友人、知人、公証役場が紹介してくれた人など誰でもなれますが、未成年者、推定相続人（遺言者が死亡したとき相続人となる者）、受遺者およびその配偶者ならびに直系血

族は証人になれません（民法974条）。ここにいう推定相続人は、最先順位の推定相続人をいいます。遺言者に配偶者や子がいれば、兄弟姉妹が証人となることができます。

■作成の手続

遺言公正証書の作成手続は、次のとおりです。

① 証人2人が立ち会う。
② 遺言者が公証人に遺言内容を口述する。
③ 公証人がこれを筆記する。
④ 公証人が筆記した公正証書の内容を読み上げるか閲覧させる。
⑤ 遺言者と公証人が筆記が正確であることを確認したのち署名押印する。

なお、実際の実務では、公証人が遺言者と事前に連絡してあらかじめ遺言内容を把握し、公正証書の用紙に印刷しておき、当日、改めて遺言者から口述を受ける扱いをしていますが、手続の順序が前後しても、遺言者の真意を確保しその正確を期する民法の規定に反するものではないとする判例があります（最高裁判所・昭和43年12月20日判決、最高裁判所民事判例集22巻13号3017頁）。

遺言者が、病気などの理由で署名できないときは、公証人がその理由を付記して署名に代えることができます（民法969条4号ただし書）。しかし、実際の実務では、その理由を記載するだけでなく、公証人が遺言者の氏名を代書しています。視力が不自由な人も遺言内容を口述できれば、公証人の代書により遺言ができるわけです。

平成11年の民法改正により、言語に障害のある人、聴力に障害のある人も通訳を利用するなどして、公正証書遺言ができるようになりました（民法969条の2）。

■作成費用

遺言公正証書の作成手数料は、相続や遺言を受ける人ごとに、承継する財産の額に応じて算出した手数料額の合計になります。例えば、1人が相続する財産額が、200万円を超え500万円以下のときは手数料1万1000円、500万円を超え1000万円以下のときは1万7000円、1000万円を超え3000万円以下のときは2万3000円、3000万円を超え5000万円以下のときは2万9000円、5000万円を超え1億円以下のときは4万3000円、1億円を超えるときは5000万円増加するごとに加算があります。相続人が複数いるときは各人の額の合算となります。なお、相続財産の総額が1億円以下のときは、その合計額に1万1000円が加算されます。

仮に、質問者が、妻に3000万円、長男に4500万円、二男に2500万円、長女に2000万円相当の財産を相続させるとすると、基本手数料は9万8000円となり、他に若干の正本代・謄本代等がかかります。

手数料の額は、公証人に尋ねれば事前に教えてくれます。

■遺言する際の注意事項

遺言の内容を決める際の注意事項を列挙すると、次のとおりです。

① 自分の財産にどのようなものがあるかをよく調査し、目録を作る。

② 誰にどの財産を相続させ、または遺贈するのが相当か、各自の立場を考慮しながら慎重に検討する。客観的な立場から見て相当か考えてみる。

③ 配偶者に相続させる場合などには、万一配偶者が自分より先に死亡した場合その財産をどうするか、誰に相続させるかも遺言しておく（財産をもらう人が遺言者より前に死亡した場合、その部分の遺言は無効）。

④ 相続人の遺留分について考慮する（遺留分を侵害する遺言も有効であるものの、場合によっては、相続開始後に遺留分減殺請求でトラブルになることがある）。

⑤ すべての財産について行き先を決め、漏れがないようにする。細かい財産については「その他の一切の財産は誰々に相続させる」などと記載する。

⑥ 遺言の執行が必要なときは、遺言執行者を決めておく。

⑦ 祭祀承継者の指定をする必要があるか検討する。

⑧ 相続税をはじめとする税金がどうなるかについて、疑問があるときは、税理士等の専門家

に意見を仰ぐ。

■結論

公正証書で遺言する場合、まず、遺言の内容をよく検討しておきます。そして、公証役場を訪れ、公証人に相談します。公証人の指示に従い、必要書類等を準備します。適当な証人がいない場合は、公証人が紹介してくれます。

■実務ポイント

遺言書作成の相談を受けた場合、自筆証書遺言を残す方法もありますが、公正証書遺言には、①遺言の存在や解釈などについて争いが起こらない、②公証人が原本を保管するので紛失、変造のおそれがない、③家庭裁判所の検認の手続がいらない、④コンピュータによる非公開の遺言検索システムに登録するので、遺言者の死後、相続人の検索要求にすぐ対応できるなどのメリットがあることを説明するとよいでしょう。

なお、遺言検索システムを利用した公正証書遺言の有無の照会は、相続開始後、戸籍謄本、除籍謄本などで相続が開始したこと、身分証明書などで自分が相続人本人であることを証明すれば、全国どこの公証役場でも受け付けてくれます。

第22選 遺言の解釈

相談事例

亡くなった郷里の父平田貞夫が自筆証書遺言を残しており、先日、検認の手続が終わりました。相続人は、母の平田スミ、長男の平田征一、二男である私平田利夫です。

父の遺言書は、父が所有する田、畑を相続人である長男の平田征一に譲る、家屋敷の土地・建物は母の平田スミに譲る、他人に貸してある建物とその敷地は私に譲る、という内容でした。この「譲る」という記載は、どう理解したらよいのでしょうか。

移転登記の手続はどのようになりますか。具体的には、単独で申請できるのでしょうか。

解説

■遺言の解釈

公正証書遺言は、公証人の関与があるため、遺言の趣旨が不明確になることはありません。これに対し、自筆証書遺言は、遺言者が法律知識を持たない場合が多いため、その趣旨が不明確となり、どのように解釈すべきかで争いが生ずることがあります。

遺言は、遺言者が自らの死後の法律関係を、自らの意思のみで決定できる制度です。そこで、遺言を正しく解釈するためには、遺言者の真意を探求する作業が必要になります。

■遺言解釈の基準

遺言解釈の基準を示した最高裁判所の判例があります。最高裁判所は、遺言を解釈するに当たっては、多数ある条項のうちの当該条項のみを切り離した形式的な解釈だけでは不十分で、当該条項と全部の記載との関連、作成当時の事情および遺言者の置かれていた状況等を考慮してその真意を探求し、当該条項の趣旨を確定すべきだとしています（最高裁判所・昭和58年3月18日判決、判例時報１０７５号１１５頁）。

遺言者の真意を探求する以上、遺言書の全体の記載を十分に検討し、遺言者と相続人、受遺者との関係や遺言者の置かれていた状況を考慮するのは当然のことと思われます。

■裁判例の紹介

(1) 土地の遺贈とその地上建物の帰趨

「本件土地をA(遺言者の孫)に遺贈する」という公正証書遺言がありました。その地上に戦火による焼け残りの土蔵があったため、これも遺贈の対象になるのかが争われました。

裁判所は、遺言者から相談を受けた弁護士が、本件土地と共に土蔵も遺贈する趣旨であったけれども、焼け残りであったため表示する必要はないと考えていたこと、遺言者は、先代から受け継いだ土地と土蔵は、将来家を継ぐAに承継させる意思を有していたことが認められるとして、本件遺贈の対象には土蔵も含まれるとしました(東京地方裁判所・昭和31年1月30日判決、下級裁判所民事裁判例集7巻1号138頁)。

土地の遺贈だけで、地上建物の記載がない場合、このような事情がないと、建物の遺贈は否定され、建物は共同相続財産として遺産分割の対象となると解されることが多いでしょう。

(2) 養子離縁の手続をしてもらいたい旨の遺言と相続人廃除の意思表示

遺言者は、養子が縁組後一度も遺言者を訪ねて来ないし、病床に就いたと通知しても見舞いの手紙すらよこさず、仕送りもしないことから、「養子の実がないから離縁の手続をとってもらいたい」と遺言を残しました。この遺言が、推定相続人の廃除（民法８９２条）の意思表示と解釈できるかが争いになりました。

遺言者死亡後、遺言執行者が家庭裁判所に相続人廃除の申請をしました。

裁判所は、離縁を求めると書いてあるのは、相続をさせたくないという趣旨であること、遺言書に記載があるばかりでなく、離縁を求める訴訟を起こしていたこと、遺言者は遺言に離縁のことを書いておけば養子に何も相続させないよう手続をとってくれると考えていたことなどの事実を認定し、この遺言を推定相続人廃除の趣旨であるとしました（松江家庭裁判所浜田支部・昭和38年12月18日審判、家庭裁判月報16巻5号１６８頁）。しかしながら、民法８９２条の要件（被相続人に対する虐待、重大な侮辱、著しい非行の存在）にまでは該当しないとして、推定相続人の廃除は認められませんでした。

つまり、被相続人の意思表示と申立て自体は認められるとしつつも、出口となる推定相続人の廃除までは認めなかったという事例です。

（３）財産をすべて任せる旨の遺言と遺贈の成否

91歳の遺言者がした「私が亡くなったら財産については私の世話をしてくれた長女のXにすべて任せます」という自筆証書遺言が、Xに対する包括遺贈の趣旨か、単に遺産分割の手続を中心となって行うよう依頼したに過ぎないのかが争われました。

裁判所は、施設に入所していた遺言者をしばしば訪れて世話をしたのはXであり、遺言者の死後、妻の世話を頼めるのはXしかいなかったこと、他の相続人は遺言者とは疎遠な関係になっていたことなどを考慮し、Xに対する包括遺贈を認めました（大阪高等裁判所・平成25年9月5日判決、判例時報２２０４号39頁）。

しかし、すべて任せる遺言について、逆に遺贈を否定した事例もあります。

遺言者は、茶道を通じて知り合い、交際を続け、結婚を申込むなどした女性Bに対し、「A家の財産は全部Bに任せます」という遺言をしました。唯一の相続人Y（遺言執行者が訴訟担当）は、この遺言は「任せる」といっているだけで遺贈はしていないと主張しました。

裁判所は、遺言者はBに対して結婚の申込みをしたものの、Bが老母の世話をしていたことなどから結婚に至らず、同棲もしていなかったこと、Bは時折遺言者のもとを訪れて身辺の世話をするといった関係にとどまり、全財産を遺贈して感謝の気持ちを表すのが当然であるというような関係にはなかったこと、本件遺言は、遺言者が入院前の慌ただしい中で作成された粗末なメモ書きといった体裁であり、その後問題のない体裁の遺言書に書き直す時間的余裕が十分あったのに書き直されていないこと、相続人Yは遺言者の一人娘であって、被相続人の意思に反する結婚をしたものの、被相続人は孫を可愛がっており、Y自身、時々は遺言者のもとを訪れ身の回りの世話をしている関係にあったのであって、遺言者として実の娘に何らの財産も遺さない遺言をするような状況にはなかったことなどを認定して、Bに対する遺贈を否定しました（東京高等裁判所・昭和61年6月18日判決、判例タイムズ621号141頁)。

(4) 全部を公共に寄与する旨の遺言と遺贈の成否

遺言者は、遺言執行者をXと定めると同時に「一、発喪不要、二、遺産は一切の相続を排除し、三、全部を公共に寄与する」という遺言を残しました。相続人は妹2人で被相続人とは絶縁状態にありました。相続人2人が相続登記をしたので、遺言執行者が登記の抹消を求める訴えを提起し、相続人らは、遺言執行者の地位不存在確認請求の訴えを起こしました。

最高裁判所は、遺言書の文言全体の趣旨および遺言当時遺言者の置かれた状況からすると、全部を公共に寄与するという遺言は、財産を相続人に取得させず、公共の団体(国、地方公共団体、公益法人、学校法人、社会福祉法人等)に包括遺贈する趣旨であり、遺産の利用目的が公益目的に限定されているため、受遺者の選定を遺言執行者に委託する遺言も有効であるとしました(最高裁判所・平成5年1月19日判決、最高裁判所民事判例集47巻1号1頁、家庭裁判月報45巻5号50頁)。

(5) 財産を譲る旨の遺言は、遺贈か相続させる遺言か

遺贈と相続させる遺言による遺産承継には、次のような違いがあります。

まず、相続させる遺言は、もちろん相続人に対してしかできませんが、遺贈は相続人以外の人

にもできます。

そして、相続させる遺言は、遺贈に比べて、①相続を原因とする所有権移転登記が受益相続人（相続させる遺言の名宛人の相続人）の単独申請が可能、②遺産が農地のとき農業委員会の許可（農地法3条）が不要、③遺産が借地権や借家権の場合、賃貸人の承諾（民法612条）が不要であるなど、相続人に有利な取扱いが認められています。

そこで、財産を譲る旨の遺言を遺贈、相続させる遺言のいずれと解釈するかが問題となり、この点の解釈基準を示した判例があります。

最高裁判所は、「相続させる遺言は、遺言書の記載からその趣旨が遺贈であることが明らかであるか、又は遺贈と解釈すべき特段の事情がない限り、当該遺産を受益相続人に単独で相続させる遺産分割の方法が指定されたものと解すべきである、そして、相続させる遺言による分割方法の指定は、何らの行為を要せずして、遺言者の死亡の時に直ちに相続により受益相続人に承継される効力を有する」としました（最高裁判所・平成3年4月19日判決、最高裁判所民事裁判例集45巻4号477頁、家庭裁判月報43巻7号63頁）。

この最高裁判所の判決の趣旨から考えると、相続人に「譲る」「与える」「承継させる」などの遺言については、遺贈と解すべき特段の事情がない限り、相続させる遺言と解される可能性が大きいといえます。

■結論

ある財産を特定の相続人に譲る旨の遺言は、前記（5）に記載した裁判例によると、特段の事情がない限り、遺贈でなく相続させる遺言と解釈すべきであり、登記手続も各受益相続人の単独申請でできる可能性が大きいといえます。長男の平田征一が相続する田、畑の取得も農業委員会の許可不要と解される可能性があります。

■実務ポイント

趣旨が不明確な遺言は、前述のような解釈基準に基づいて解釈されることになりますが、無用な紛争を避けるため、できる限り明確な遺言作成を心掛けるべきでしょう。遺言書においてよく使用される次頁にあるような文例〔図表〕を覚えておくと便利です。

〔図表〕遺言書においてよく使用される文例

〔相続させる遺言〕

1.「遺言者は、遺言者の所有する次の土地及び建物を、遺言者の長男○○○○に相続させる。」

2.「遺言者は、遺言者の所有する土地・建物・現金・預貯金を含む財産全部を、妻○○○○に相続させる。」

3.「遺言者は、その所有する一切の財産を長男○○○○に相続させる。長男○○○○は、この相続を受けることの負担として、遺言者の妻○○○○の存命中は必要な介護をし、孝養を尽くすべきこととする。」

〔遺　贈〕

1.「遺言者は、遺言者の所有する次の預貯金・株式を、遺言者の甥○○○○に遺贈する。」

2.「遺言者は、所有する財産の3分の1を、亡長男の妻○○○○に遺贈する。」

〔相続人廃除〕

「三男○○○○は、遺言者をしばしば侮辱し、遺言者が病気で寝ているときに足蹴にして暴行を加えるなど虐待を繰り返すので、同人を相続人から廃除する。」

〔認　知〕

「遺言者は、本籍東京都○○区○○1丁目2番3号○○○○（昭和　年　月　日生）の分娩した子○○○○（昭和　年　月　日生）を認知する。」

〔祭祀承継者の指定〕

「遺言者は、祖先の祭祀を主宰すべき者として、長男○○○○を指定する。」

〔遺言執行者の指定〕

「遺言者は、本遺言の遺言執行者として東京都○○区○○3丁目4番5号○○○○を指定する。」

第23選

遺言の撤回（取消し）

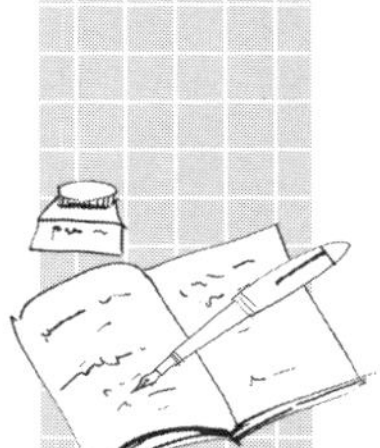

相談事例

私の父、松本伸也が2通の自筆証書遺言を残して亡くなりました。相続人は、妻の松本恭子、長男の松本健一、長女の広田一恵、二女の佐藤恵美子、そして二男である私、松本恒一の5人です。

最初の遺言は、平成8年10月5日の作成で、妻の恭子にA、B土地、長男の健一にC、D土地、長女の一恵にE、F、G建物、二女の恵美子に預貯金の全部、二男である私恒一には株式全部と父の友人に対する100万円の貸金債権を相続させるという内容でした。2つ目の遺言は、平成12年2月3日の作成で、妻の恭子にC、D土地、長男の健一にA、B土地、長女の一恵にE、F、G建物、二女の恵美子に預貯金の全部、二男の私に株式全部と100万円の貸金債権を相続させるという内容です。

ところが、父の伸也は、このような遺言をしておきながら、生前、長女の一恵に相続させるはずのG建物を取り壊しており、私に相続させるとした100万円の債権も、すでに弁済を受けて消滅していることが判明しました。

この場合、遺言の最終的な内容は、どのように理解したらよいのでしょうか。

解説

■遺言の撤回（取消し）の自由

ご質問は、複数の遺言相互に抵触があった場合、あるいは遺言と遺言者の生前の行為との間に抵触があった場合、遺言はどうなるのかというもので、遺言の撤回（取消し）の問題です。

遺言は、人が自分の死後における財産上および身分上の法律関係を定める意思表示を、生前に残しておく方法です。人の最終意思を確保するための制度であるため、厳格な要式が定められています（民法９６０条、９６７条）。

そして、人の最終意思はそのつど変わることから、遺言者はいつでも遺言の方式に従って前にした遺言を撤回することができることになっています（民法１０２２条）。また、遺言者は、遺言の撤回権を放棄することができないとされています（民法１０２６条）。

■撤回の方法

遺言の撤回の方法には、「遺言による撤回」と「法定撤回」があります。

遺言による撤回は、前にした遺言の全部または一部を、遺言の方式により撤回する方法です。

一方、法定撤回は、遺言者が前にした遺言の趣旨と抵触する一定の行為をした場合には、その抵触した部分について撤回したものとみなすという制度です。この法定撤回は、前にした遺言を意識せずにした場合にも認められます。

法定撤回は、①前の遺言と客観的に抵触する遺言がなされた場合、②遺言と抵触する生前処分その他の法律行為がなされた場合、③遺言者が故意に遺言書を破棄した場合、④遺言者が遺言の対象となった財産を故意に破棄した場合に認められます。

■撤回遺言

民法1022条は、「遺言者は、いつでも、遺言の方式に従って、その遺言の全部又は一部を撤回することができる」と規定しています。

本ケースでいえば、遺言者が、「平成8年10月5日にした遺言は、全部撤回する」という遺言をしたり、「前にした遺言のうち、妻にA、B土地を相続させるという遺言は撤回する」という遺言をしたりする場合です。

撤回は、遺言の方式によらなければならないものの、同一方式による必要はなく、公正証書遺言を自筆証書遺言で撤回することもその逆も可能です。

■抵触遺言

前の遺言と抵触する内容の遺言が、その後になされた場合、抵触する部分については、前の遺言は撤回されたものとみなされます（民法1023条1項）。「妻の恭子にA、B土地を、長男の健一にC、D土地を相続させる」という遺言をした後に、「妻の恭子にC、D土地を、長男の健一にA、B土地を相続させる」という遺言をした場合、前の遺言は抵触により、撤回されたことになります。

■抵触行為

遺言者が、遺言をした後に、その遺言と抵触した契約等の法律行為をした場合、前の遺言の抵触部分は撤回されたものとみなされます（民法1023条2項）。

遺言者が、遺言の対象財産を、他に売却したり、贈与したりした場合などが該当し、その財産を相続させる遺言は撤回されたものとみなされます。ただし、遺贈の対象財産が債権で、遺言者が債権の行使（弁済の受領）をしてしまった場合も抵触行為に当たるものの、この場合には受領した物がなお相続財産の中にあるときは、その物を遺贈の目的としたものと推定する、債権が確定した額の金銭債権であるときは、相続財産中に相当する金銭がないときでも、その金額を遺贈の目的としたものと推定するという規定があります（民法1001条1項、2項）。

ところで、遺言者のなした法律行為は、単に遺言者の意思が表示されただけでは足りず、その行為の効力が遺言の効力発生前に確定的に発生していることを必要とするのが、判例の立場です。

最初の遺言で、保有する株式の約30万株を基本財産として、財団法人（育英会）の設立を指示していた遺言者が、遺言を無視して、生前にそのうち20万株を基本財産とする同様の財団法人の設立手続に着手したが、主務官庁の許可を得ることができず、設立に至らないまま亡くなってしまったケースにつき、最高裁判所は、両者が抵触し遺言が撤回されたものとみなされるためには、少なくとも生前の設立行為が、主務官庁の許可によって効果を生じたことを必要とするので、本件では抵触の問題は生じないとしました（最高裁判所・昭和43年12月24日判決、最高裁判所民事判例集22巻13号３２７０頁）。

抵触しているかどうかの判断について、客観的には両立が可能でも、諸般の事情を考慮し、その後の行為が前の遺言と両立させない趣旨のもとになされたことが明白な場合は、抵触を認めるとした裁判例があります。

終生扶養を受けることを前提として養子縁組をした上で不動産の大半を養子に遺贈する旨の遺言をした遺言者が、養子に対して不審の念を抱くようになり、協議離縁したが、遺言はそのままにしていたケースについて、最高裁判所は、協議離縁は不動産の遺贈と両立させない趣旨のもとになされたものと認定し、遺贈の遺言は撤回されたとしました（最高裁判所・昭和56年11月13日判決、最高裁判所民事判例集35巻８号１２５１頁）。離婚や離縁をした場合、すでに書いた遺言をどうするかは要注意です。

■遺言書破棄

遺言者が故意に遺言書を破棄したときは、その破棄した部分については、撤回したものとみなされます（民法１０２４条前段）。

遺言者自らが、遺言書を焼却、切断、廃棄した場合も、遺言を撤回したものとみなされます。遺言書の文面を塗りつぶす行為も破棄に当たります。また、遺言書の一部の破棄も認められているものの、一部を破棄した結果、遺言書の要件が欠けたり、意味が不明になったりしたときには、全体が無効になってしまうので注意が必要です。

遺言公正証書正本の破棄は、撤回に当たらないとするのが通説です。遺言公正証書の場合、その原本が公証役場に保管されているためです。同一内容の自筆証書遺言を数通作成してある場合、そのうちの1通だけを破棄しても遺言の撤回にはなりません。これらの場合には、遺言撤回の遺言を作成するのが相当でしょう。

■遺言目的物の破棄

遺言者が、遺言により相続させたり、遺贈したりしている財産を故意に破棄したときは、その目的物については、遺言を撤回したものとみなされます（民法１０２４条後段）。遺言の目的とされた建物の取壊し、動産の廃棄等がこれに当たります。

■遺言撤回遺言の撤回

では、最初の遺言を撤回する遺言を撤回する遺言がなされた場合、最初の遺言は復活するでしょうか。

この点につき、民法１０２５条本文は、撤回の遺言などにより「撤回された遺言は、その撤回の行為が、撤回され、取り消され、又は効力を生じなくなるに至ったときであっても、その効力を回復しない」としています。つまり、撤回遺言が撤回されても、最初の遺言は原則として復活しないのです。撤回遺言が撤回されても、遺言者が最初の遺言の復活を望んでいるのか、必ずしも明らかでないというのがその理由です。なお、撤回の遺言などが詐欺や強迫によってなされ、それを理由に取り消された場合は最初の遺言は復活します（民法１０２５条ただし書）。

■結論

平成8年の遺言は、平成12年の遺言により、抵触部分が撤回されています。したがって、長男の健一はA、B土地を取得し、妻の恭子はC、D土地を取得します。また、平成8年と平成12年の遺言は、遺言者の抵触行為により一部撤回されています。G建物についての遺言は、目的物の破棄により撤回・変更され、長女の一恵はE、F建物のみを取得します。二女の恵美子は預貯金を取得します。質問者の恒一は、株式全部を取得するほか、民法１００１条により取得すべき債権相当額を、他の相続人から取得できます。

■ 実務ポイント

遺言者は、遺言したからといって遺言に拘束されることはありません。遺言の対象財産は、自分の財産であるため自由に処分できます。また、遺言撤回の自由もあります。だからこそ、遺言のどの部分が撤回・変更されているかを、事実の経過に従い、慎重に検討する必要があります。

第24選

遺言執行者の職務

相談事例

会社の元上司であった尾高昭夫氏に頼まれ、尾高氏が公正証書で遺言するに際し、遺言執行者になることを承諾しました。

遺言の内容は、尾高氏の妻尾高キミにA銀行の預金を、長男尾高恒に土地・建物を、長女増田弘子にB銀行の預金をそれぞれ相続させ、孫の尾高賢一にC銀行の預金を遺贈し、長年気にかけていた妻以外の女性との間の子を認知することにし、その子にD銀行の預金を相続させるという内容です。

遺言執行者として、将来遺言が効力を生じたとき、何をすればよいのでしょうか。

解説

■ 遺言執行者の地位

遺言執行者は、相続財産の管理その他遺言の執行に必要な一切の行為をする権利義務を有するとされています（民法１０１２条）。実質的には、遺言者の代理人といえるでしょう。しかし、死者の代理人はありえませんので、民法は、遺言執行の財産上の効果が相続人に帰属することに着目し、相続人の代理人とみなすことにしています（民法１０１５条）。

遺言が効力を生じたとき、遺言執行者の出番がきます。遺言執行者に指定されても就任を拒否することができますが、就任を承認した以上、相続人対し、直ちに任務を開始する義務（民法１００７条）、財産目録作成・交付義務（民法１０１１条）、善良な管理者としての注意義務（民法６４４条）、報告義務（民法６４５条）、受取物の引渡し義務（民法６４６条）等の義務を負うことになり、かかった費用の返還請求権（民法６５０条）、報酬請求権（民法１０１８条、６４８条）などの権利を取得します。

■ 遺言事項

遺言により効力を生ずる事項は、民法その他の法律で決められています。これを遺言事項といいます。遺言事項以外の事項について遺言しても法的な効力は生じません。

遺言事項の中に、執行を要するものと執行を要しないものがあります。執行を要するものは、①推定相続人の廃除およびその取消し（民法892条）、②認知（民法779条）、③一般財団法人の設立（一般社団法人および一般財団法人に関する法律（一般法人法）152条2項）、④遺贈（民法964条）、⑤信託の設定（信託法3条2項）、⑥保険金受取人の変更（保険法44条）です。

以上のうち、①②③は、必ず遺言執行者が執行します。④⑤⑥は、遺言執行者の指定・選任がない場合、相続人が執行することもできます。ただし、遺言執行者が指定・選任された場合は遺言執行者だけが執行します。相続人は、遺言執行者の指定・選任がされると、その管理下にある相続財産の処分その他遺言の執行を妨げる行為をすることができなくなるからです（民法1013条）。

一方、未成年後見人または未成年後見監督人の指定（民法839条、848条）、相続分の指定またはその委託（民法902条1項）、特別受益の持戻しの免除（民法903条）などのように、遺言が効力を生ずると即時にその内容が実現し、執行の余地がない事項もあります。

■具体的な執行方法

①推定相続人の廃除およびその取消し

遺留分を有する推定相続人が、被相続人を虐待するなどしたときは、被相続人は、遺言でも廃除の意思表示ができます（民法８９３条）。遺言執行者は、遺言が効力を生じた後、遅滞なく家庭裁判所に廃除の請求をしなくてはなりません。いったん認められた廃除を取り消す遺言についても同様です。

②認知

非嫡出子の認知（民法７７９条）は、遺言によってもできます。遺言執行者は、その就職の日から10日以内に遺言の謄本を添付して戸籍届出をします（戸籍法64条、60条、61条）。

③一般財団法人の設立

遺言者は、遺言で財団の目的、名称、拠出する財産およびその価額など、一般法人法１５３条１項各号および１５４条に規定する事項を定めて一般財団法人設立の意思を表示することができます。遺言執行者は、遺言の効力が生じた後、遅滞なく、これらの事項を記載した定款を作成し、公証人の認証を得て設立の登記をし、財産の拠出をするなど手続を行います。

④遺贈

遺贈の遺言がある場合、遺言執行者として、受遺者に遺言内容を知らせます。受遺者が遺贈を受託した場合、遺言執行者は相続人に代わり遺贈義務の履行をします。

(ア)不動産の遺贈

特定の不動産の遺贈の場合、受遺者を登記権利者、遺言執行者を登記義務者として遺贈の登記を共同申請します（不動産登記法60条）。

全部包括遺贈の場合、すべての財産が１人の受遺者に承継されるので、相続の場合と同様、受遺者の単独申請が可能との見解もあり得ますが、裁判所は、受遺者と遺言執行者が遺贈の登記の共同申請をすべきであるとしています（東京高等裁判所・昭和44年９月８日決定、家庭裁判月報22巻５号57頁）。

相続財産の何割を遺贈するというような割合的な一部包括遺贈があります。この場合は、まず受遺者と相続人が遺産分割協議をします。その結果、受遺者の取得分が決まったら、受遺者と遺言執行者が遺贈の登記の共同申請をします。

(イ)債権の遺贈

貸金債権や売掛金債権が遺贈された場合、遺言執行者は、債務者に対し遺贈により債権が譲渡された旨の通知をするか、譲渡につき債務者の承諾を得る必要があります（民法４６７条）。この通知または承諾の書面には公証人の確定日付印を得ておく必要があります。

債権が預貯金債権の場合、遺言執行者は、銀行等に速やかに遺言者の死亡届をします。その上で、預貯金通帳、届出印鑑を持参し、解約払戻をして現金を受遺者に交付するか、預貯金名義を受遺者名義に変更する必要があります。

（ウ）不特定物の遺贈

特定物の遺贈と異なり、遺贈の目的物が金銭その他不特定物であるときは、遺言執行者は遺贈義務の履行として目的物を他から区別して特定する必要があります。

金銭等は特定されると同時に受遺者に所有権が移転します。

⑤相続させる遺言による財産承継

遺贈は、遺言による財産処分であるため、相続人が遺贈義務者として、対象財産の管理・引渡し、登記等の義務を負い、これらを相続人または遺言執行者が行うのに対し、相続させる遺言は、被相続人が死亡すると同時に、何らの行為を要せず対象財産を受益相続人（名宛人の相続人）に相続により承継させる遺産分割の方法が指定されたものと解されています（最高裁判所・平成３年４月19日判決、判例時報１３８４号24頁）。そこで、相続させる遺言がなされた場合、対象財産について遺言執行の余地があるかが問題とされています。

（ア）不動産

（ⅰ）管理、占有、引渡し

相続させる遺言の場合、遺言書に対象不動産の管理、占有、受益相続人への引渡しを遺言執行者の職務とする旨の記載があるなど特段の事情がない限り、遺言執行者は、不動産の管理、占有、引渡しの権利もなく義務も負わないとするのが判例です（最高裁判所・平成10年2月27日判決、判例時報1635号60頁）。

（ii）登記

相続させる遺言の場合、登記実務上、不動産登記法63条2項により、受益相続人が単独で相続登記申請ができるので、その不動産の名義が被相続人名義である限りは、遺言執行者の職務は顕在化せず、登記手続をすべき権利も義務もありません。ただし、他の相続人が相続開始後にその不動産について自己への所有権移転登記を経由しているため、遺言の実現が妨害される状況が出現したような場合には、遺言執行者の権限が顕在化し、妨害を排除するため、抹消登記または受益相続人への所有権移転登記手続を求めることができるとするのが判例です（最高裁判所・平成11年12月16日判決、判例時報1702号61頁、判例タイムズ1024号155頁）。

（イ）預貯金の管理、名義書換、払戻し

相続させる遺言において、預貯金の管理、名義変更、払戻しを遺言執行者の職務とする旨の記載があるなど特段の事情がない場合に、これらの手続について、遺言執行者の権限および義務はどうなるのでしょうか。

この点については、学説および裁判例が分かれています。

（i）執行権限肯定説

まず、遺言執行者の権限および義務を肯定する学説に、預貯金の相続について、金融機関に対する相続による移転の通知など対抗要件（民法467条）を備えさせる必要があるので執行の余地があるとするものがあり（竹下史郎「遺言信託」現代裁判法大系（12）246頁）、判例としては、遺言者は、一部相続人の非協力によって預貯金の払戻しなどが滞る場合を想定し、遺言の迅速な実現を図るため遺言執行者を指定するものであって、遺言執行者に払戻しの権限を認めても遺言者の意思に反するものではないとしました（東京地方裁判所・平成24年1月25日判決、判例時報2147号66頁）。

（ii）執行権限否定説

否定説をとる学説として、相続させる遺言の対象となった預貯金は、被相続人の死亡により直ちに受益相続人に承継されるから、遺言書に、遺言執行者の職務として預貯金の管理、名義変更、払戻しなどの記載がない限り、遺言執行の余地がなく、遺言執行者には預金の払戻しの権限がないとするものがあります（石井眞司＝伊藤進＝上野隆司「鼎談・金融法務を語る」手形研究466号49頁、堂園昇平「相続預金と遺言執行者の権限」金融法務事情1961号5頁）。

また、否定説に立つ判例として、多数の不動産、株式、預貯金を、相続人3名に3分の1の割合で相続させる遺言について、遺言執行者の財産管理、名義書換、払戻し等の権限を認めず、相続人らによる遺言に反する遺産分割協議も、民法1013条に反することなく有効と認めた事例（東京地方裁判所・平成10年7月31日判決、金融・商事判例1059号47頁）、預金、抵当証券持分に係る買戻代り金等の遺産を相続人の一部に持分2分の1の割合で相続させる遺言について、可分の債権は受益相続人が持分割合で当然に分割承継するから遺言執行の余地はないとした事例（東京高等裁判所・平成15年4月23日判決、金融法務事情１６８１号35頁）などがあります。

(iii)　銀行実務

銀行実務は必ずしも統一されていませんが、預金について相続させる遺言があった場合、受益相続人が権利を主張する限り同人に支払うことを可能と解すべきであるものの、同時に遺言執行者の指定があるときは、遺言の真正を担保する意味で、遺言執行者と受益相続人の連署で請求させるべきとしているようです（堂園昇平「相続預金と遺言執行者の権限」）。

■結論

相談事例の尾高氏の遺言のうち、遺言の執行が必要な事項は、孫に対する遺贈および婚外子の認知の手続です。長男に対する土地建物の承継は、執行の余地がありません。妻らに対する預金の承継に執行の余地があるかは、肯定否定の両説がありますが、執行者としては少なくとも、銀行窓口に行き受益相続人と連名で手続をする必要があります。

■実務ポイント

遺言執行者となることを依頼し、またはこれを承諾する場合、遺言執行者としてどのような権限と義務があるかをあらかじめ理解しておく必要があります。相続させる遺言の場合、預貯金の名義変更等については、執行権限の有無について争いがあるので、執行者の権限を遺言中に明記しておくとよいでしょう。

第25選

遺留分の減殺

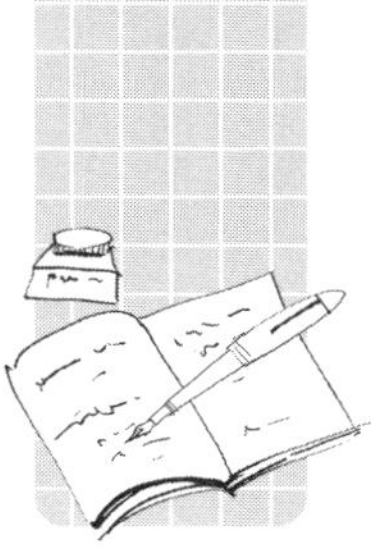

相談事例

私の父、山崎和雄が遺言を残して亡くなりました。母とは20年前に離婚しているため、相続人は、長男の山崎浩一、二男である私山崎春男の2人です。父の遺言書では、全財産を長男の浩一に相続させるとなっていました。確かに、父と私は折り合いが悪かったのでやむを得ないとは思いますが、遺留分だけは主張したいと思います。

父の財産は、不動産を含めて1億1000万円あり、負債は9000万円です。そこで、1億1000万円から9000万円を控除した2000万円の4分の1である500万円に、相続債務の2分の1である4500万円を加えた5000万円を、遺留分として請求しようと思っています。私の主張は適切なものとして、受け入れられるのでしょうか。

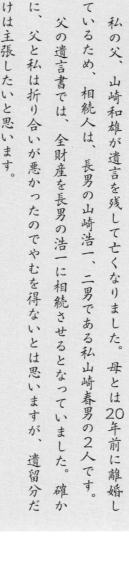

解説

■遺留分の制度

被相続人は、生前贈与、死因贈与、遺言による財産処分（遺贈、相続させる遺言による財産承継）などを自由に行うことができます。

しかし、相続人の生活の維持、財産の公平な分配という観点から、被相続人の自由な財産処分も一定の修正がなされることがあります。遺留分を有する相続人が遺留分減殺請求をした場合です。

遺留分を有する相続人は、遺贈や生前贈与などにより遺留分を侵害された場合、これらを新しいものから古いものの順に、一定の割合で減殺し、取り戻すことができます。これを、遺留分減殺の制度といいます(民法１０２８条、１０３１条)。なお、遺留分減殺請求をするかしないかは、その相続人の自由とされています。

■遺留分権利者

遺留分を有する者は、相続人である配偶者、子、直系尊属です。子の代襲相続人にも権利は認められますが、被相続人の兄弟姉妹に、遺留分の権利はありません（民法１０２８条）。

遺留分権利者の相続人、包括受遺者、相続分譲受人などの承継人も、遺留分の権利を承継します。

■遺留分減殺請求の相手方

減殺請求の相手方は、減殺の対象となる遺贈を受けた者、相続させる遺言を受けた受益相続人、生前贈与を受けた者などとその相続人です。贈与でなく有償行為であっても、不当に低い対価で財産を譲り受け、当事者双方が遺留分権利者に損害を加えることを知っていたときは贈与とみなされます（民法1039条）。

民法1030条は、贈与は相続開始前の1年間になされたものに限って減殺の対象となり、例外として当事者の双方が遺留分権利者に損害を加えることを知って贈与したときは、1年前のものであっても減殺できるとしています。しかし、この規定は、共同相続人以外の者に贈与がされた場合の定めであり、共同相続人に対する贈与の場合には適用されないものと解されています。

そこで、最高裁判所は、相続人に対する特別受益（民法903条1項）に該当する贈与は、相続開始よりも相当以前にされて民法1030条の定める要件を満たさないものであっても、減殺を認めることがその相続人に酷となるほどの特段の事情のない限り、減殺の対象となるとしました（最高裁判所・平成10年3月24日判決、最高裁判所民事判例集52巻2号433頁）。

受遺者、受贈者などが、その目的財産を他人に譲渡したときは、遺留分権利者にその価額を弁償しなければなりません。また、目的財産を譲り受けた者が、譲り受けた時において遺留分権利者に損害を与えることを知っていたときは、減殺の相手方になります（民法１０４０条１項）。

■遺留分減殺の方法

遺留分減殺は、通常、受遺者や受贈者などに対し、配達証明付きの内容証明郵便を出して行います。減殺請求の書面は「あなたが受けた○○の贈与は、私の遺留分を侵害していますので、遺留分を請求します」というような抽象的なもので足りるとされています。

申立書や訴状に遺留分を減殺する旨を記載して家事調停や訴訟を提起することも可能です。この場合、申立書や訴状が相手方に送達された時に減殺請求の効果が生じます。

他の相続人に対し、遺産分割協議の申入れをしただけでは、当然には減殺の意思表示をしたことにはなりません。

しかし、被相続人の全財産が相続人の一部に遺贈された場合などに、遺贈の効力を争うことなく遺産分割協議の申入れをしていれば、遺産分割の対象となる財産はなく、遺留分減殺でしか財産を受ける方法がないという理屈になるので、特別の事情がない限り、遺産分割協議の申入れに減殺の意思表示が含まれると解されています（最高裁判所・平成10年6月11日判決、判例時報１６４４号１１６頁）。

■遺留分減殺の順序

減殺は新しいものから古いものの順に行われ、生前贈与よりも遺贈を先に減殺します（民法1033条）。また、数人の受遺者に対して遺贈がなされているときは、遺贈の目的物の価額の割合に応じて減殺します（民法1034条）。この場合、受遺者が相続人で遺留分権利者であるときは、遺贈の目的の価額のうち受遺者の遺留分を超える部分のみが民法1034条にいう目的の価額であるとされています（最高裁判所・平成10年2月26日判決、判例時報1635号55頁、判例タイムズ972号129頁）。なお、遺言者が遺言の中で遺贈の減殺の順序を指示していたときは、その指示に従って減殺します（民法1034条ただし書）。遺贈と、相続させる遺言による財産承継は、同順位と解されています。

一方、生前贈与の減殺は、新しいものから古いものへと順次減殺します（民法1035条）。

■減殺請求権の消滅時効

遺留分減殺請求権は、遺留分権利者が、相続の開始、減殺すべき遺贈、贈与などを知った時から1年を経過すると時効により消滅します（民法1042条前段）。また、遺留分侵害の事実を知らなくても、相続開始から10年を経過すると減殺請求権は消滅します（同条後段）。

■遺留分の放棄

正当な理由があれば、相続開始前に遺留分の権利を放棄することも認められています。ただし、他人の強制などがあっては困ることから、放棄には家庭裁判所の許可が必要です（民法１０４３条1項）。なお、遺留分を放棄しても相続人の地位は残ります。そこで、その相続人に財産を承継させないためには、その相続人の取得分をゼロとする遺言書が必要です。

■遺留分侵害額の算定

遺留分侵害額を算定する際の計算式を示すと、次のとおりとなります（最高裁判所・平成８年11月26日判決、判例時報１５９２号66頁）。

> 遺留分侵害額＝遺留分算定の基礎財産（A）×その相続人の遺留分率（B）－その相続人の特別受益（C）－その相続人の相続財産額（D）＋相続債務の負担額（E）

各項目について説明しましょう。

（A）遺留分算定の基礎財産

遺留分算定の基礎財産とは、被相続人死亡時の財産に生前贈与の額を加え、相続債務の全額を控除したものをいいます（民法1029条1項）。

この場合の生前贈与は、相続開始1年前以降になされた贈与をいいますが（民法1030条）、①当事者双方が遺留分権利者に損害を与えることを知ってなされた贈与、②特別受益としての贈与（相続人に対してなされた、婚姻または養子縁組のためもしくは生計の資本としての贈与）については、期間制限はなく、相当以前のものであっても相続開始時の時価に換算して加算されます。（①につき民法1030条、②につき最高裁判所・平成10年3月24日判決、判例時報1638号82頁、判例タイムズ973号138頁）

次に、相続債務が控除されますが、保証債務の場合は、主たる債務者が無資力で、保証債務を履行しても求償権の行使によって回収の可能性がない場合に限り控除されます。

(B) その相続人の遺留分率

遺留分の率は、直系尊属だけが相続人のときは遺産の3分の1、その他の相続人のときは遺産の2分の1です（民法1028条1および2号）。相続人が複数いるときは、この割合に法定相続分を乗じて各人の遺留分率が算出されます。

(C) その相続人の特別受益

婚姻または養子縁組のためもしくは生計の資本としての贈与をいいます（民法903条）。

す。

(D) その相続人の相続財産額

遺留分侵害額の算定ですから、その相続により相続できた財産があれば、その分は控除されます。

(E) 相続債務の負担額

相続債務がある場合、各相続人は、債権者との関係では相続分に応じて債務を承継します。そこで、遺留分侵害額の算定に際しては、負担すべき債務額を加算するのが原則です。

しかし、質問のケースのように、遺産の全部を1人の相続人に相続させる遺言がなされた場合には考慮が必要となります。このような遺言は、相続分の全部をその相続人に指定する遺言と解釈され、その指定は債務の相続についても及ぶとされるからです。

遺産の全部を1人の相続人に相続させる遺言がなされた場合、相続人の間の内部関係では、その相続人が債務全額を負担すべきであるから、他の相続人の遺留分侵害額の算定に際し、債務額は加算すべきでないとする裁判例があります(最高裁判所・平成21年3月24日判決、判例時報2041号45頁)。

■結論

質問者の遺留分侵害額を算定するに当たって、相続債務の分担額を加算すべきでないことは前記（E）の裁判例の指摘するところです。

そこで、質問者の遺留分侵害額は、1億1000万円から債務額9000万円を控除した2000万円に遺留分率の4分の1を乗じた500万円となります。

■実務ポイント

遺留分減殺請求をするには、算定の基礎財産を確定し、その相続人の特別受益の有無、相続した財産の有無、相続債務の額などを調査する必要があります。調査に時間を要することもありますが、減殺の意思表示は、時効期間の経過に注意し、余裕を持って行うようアドバイスすべきです。

また、減殺請求がなされると、目的物について共有関係が生じ、共有解消の手続は遺産分割ではなく共有物分割となります。この場合に、請求を受けた相手方が、現物で返還するか価額弁償をするか選択できること（民法1041条）を知っておくと、柔軟な解決が可能となります。